金融创新与监管及其宏观效应研究

Research on the Macro Effects of
Financial Innovation and Financial Supervision

薛昊旸 著

经济管理出版社
ECONOMY & MANAGEMENT PUBLISHING HOUSE

图书在版编目（CIP）数据

金融创新与监管及其宏观效应研究/薛昊旸著. —北京：经济管理出版社，2014. 11
ISBN 978 -7 -5096 -3318 -2

Ⅰ. ①金…　Ⅱ. ①薛…　Ⅲ. ①金融体制—体制创新—中国　②金融监管—研究—中国　Ⅳ. ①F832. 1

中国版本图书馆 CIP 数据核字(2014)第 194516 号

组稿编辑：宋　娜
责任编辑：张　马
责任印制：黄章平
责任校对：陈　颖

出版发行：经济管理出版社
（北京市海淀区北蜂窝 8 号中雅大厦 A 座 11 层　100038）
网　　址：http：//www. E - mp. com. cn
电　　话：（010）51915602
印　　刷：北京晨旭印刷厂
经　　销：新华书店
开　　本：720mm × 1000mm/16
印　　张：13
字　　数：213 千字
版　　次：2014 年 11 月第 1 版　　2014 年 11 月第 1 次印刷
书　　号：ISBN 978 -7 -5096 -3318 -2
定　　价：70. 00 元

编委会及编辑部成员名单

序　一

博士后制度是19世纪下半叶首先在若干发达国家逐渐形成的一种培养高级优秀专业人才的制度，至今已有一百多年历史。

20世纪80年代初，由著名物理学家李政道先生积极倡导，在邓小平同志大力支持下，中国开始酝酿实施博士后制度。1985年，首批博士后研究人员进站。

中国的博士后制度最初仅覆盖了自然科学诸领域。经过若干年实践，为了适应国家加快改革开放和建设社会主义市场经济制度的需要，全国博士后管理委员会决定，将设站领域拓展至社会科学。1992年，首批社会科学博士后人员进站，至今已整整20年。

20世纪90年代初期，正是中国经济社会发展和改革开放突飞猛进之时。理论突破和实践跨越的双重需求，使中国的社会科学工作者们获得了前所未有的发展空间。毋庸讳言，与发达国家相比，中国的社会科学在理论体系、研究方法乃至研究手段上均存在较大的差距。正是这种差距，激励中国的社会科学界正视国外，大量引进，兼收并蓄，同时，不忘植根本土，深究国情，开拓创新，从而开创了中国社会科学发展历史上最为繁荣的时期。在短短20余年内，随着学术交流渠道的拓宽、交流方式的创新和交流频率的提高，中国的社会科学不仅基本完成了理论上从传统体制向社会主义市场经济体制的转换，而且在中国丰富实践的基础上展开了自己的伟大创造。中国的社会科学和社会科学工作者们在改革开放和现代化建设事业中发挥了不可替代的重要作用。在这个波澜壮阔的历史进程中，中国社会科学博士后制度功不可没。

值此中国实施社会科学博士后制度20周年之际，为了充分展示中国社会科学博士后的研究成果，推动中国社会科学博士后制度进一步发展，全国博士后管理委员会和中国社会科学院经反复磋商，并征求了多家设站单位的意见，决定推出《中国社会科学博士后文库》（以下简称《文库》）。作为一个集中、系统、全面展示社会科学领域博士后优秀成果的学术平台，《文库》将成为展示中国社会科学博士后学术风采、扩大博士后群体的学术影响力和社会影响力的园地，成为调动广大博士后科研人员的积极性和创造力的加速器，成为培养中国社会科学领域各学科领军人才的孵化器。

创新、影响和规范，是《文库》的基本追求。

我们提倡创新，首先就是要求，入选的著作应能提供经过严密论证的新结论，或者提供有助于对所述论题进一步深入研究的新材料、新方法和新思路。与当前社会上一些机构对学术成果的要求不同，我们不提倡在一部著作中提出多少观点，一般地，我们甚至也不追求观点之“新”。我们需要的是有翔实的资料支撑，经过科学论证，而且能够被证实或证伪的论点。对于那些缺少严格的前提设定，没有充分的资料支撑，缺乏合乎逻辑的推理过程，仅仅凭借少数来路模糊的资料和数据，便一下子导出几个很“强”的结论的论著，我们概不收录。因为，在我们看来，提出一种观点和论证一种观点相比较，后者可能更为重要：观点未经论证，至多只是天才的猜测；经过论证的观点，才能成为科学。

我们提倡创新，还表现在研究方法之新上。这里所说的方法，显然不是指那种在时下的课题论证书中常见的老调重弹，诸如“历史与逻辑并重”、“演绎与归纳统一”之类；也不是我们在很多论文中见到的那种敷衍塞责的表述，诸如“理论研究与实证分析的统一”等等。我们所说的方法，就理论研究而论，指的是在某一研究领域中确定或建立基本事实以及这些事实之间关系的假设、模型、推论及其检验；就应用研究而言，则指的是根据某一理论假设，为了完成一个既定目标，所使用的具体模型、技术、工具或程序。众所周知，在方法上求新如同在理论上创新一样，殊非易事。因此，我们亦不强求提出全新的理论方法，我们的最低要求，是要按照现代社会科学的研究规范来展开研究并构造论著。

我们支持那些有影响力的著述入选。这里说的影响力，既包括学术影响力，也包括社会影响力和国际影响力。就学术影响力而言，入选的成果应达到公认的学科高水平，要在本学科领域得到学术界的普遍认可，还要经得起历史和时间的检验，若干年后仍然能够为学者引用或参考。就社会影响力而言，入选的成果应能向正在进行着的社会经济进程转化。哲学社会科学与自然科学一样，也有一个转化问题。其研究成果要向现实生产力转化，要向现实政策转化，要向和谐社会建设转化，要向文化产业转化，要向人才培养转化。就国际影响力而言，中国哲学社会科学要想发挥巨大影响，就要瞄准国际一流水平，站在学术高峰，为世界文明的发展作出贡献。

我们尊奉严谨治学、实事求是的学风。我们强调恪守学术规范，尊重知识产权，坚决抵制各种学术不端之风，自觉维护哲学社会科学工作者的良好形象。当此学术界世风日下之时，我们希望本《文库》能通过自己良好的学术形象，为整肃不良学风贡献力量。

李扬

中国社会科学院副院长

中国社会科学院博士后管理委员会主任

2012 年 9 月

序　二

在21世纪的全球化时代，人才已成为国家的核心竞争力之一。从人才培养和学科发展的历史来看，哲学社会科学的发展水平体现着一个国家或民族的思维能力、精神状况和文明素质。

培养优秀的哲学社会科学人才，是我国可持续发展战略的重要内容之一。哲学社会科学的人才队伍、科研能力和研究成果作为国家的“软实力”，在综合国力体系中占据越来越重要的地位。在全面建设小康社会、加快推进社会主义现代化、实现中华民族伟大复兴的历史进程中，哲学社会科学具有不可替代的重大作用。胡锦涛同志强调，一定要从党和国家事业发展全局的战略高度，把繁荣发展哲学社会科学作为一项重大而紧迫的战略任务切实抓紧抓好，推动我国哲学社会科学新的更大的发展，为中国特色社会主义事业提供强有力的思想保证、精神动力和智力支持。因此，国家与社会要实现可持续健康发展，必须切实重视哲学社会科学，“努力建设具有中国特色、中国风格、中国气派的哲学社会科学”，充分展示当代中国哲学社会科学的本土情怀与世界眼光，力争在当代世界思想与学术的舞台上赢得应有的尊严与地位。

在培养和造就哲学社会科学人才的战略与实践上，博士后制度发挥了重要作用。我国的博士后制度是在世界著名物理学家、诺贝尔奖获得者李政道先生的建议下，由邓小平同志亲自决策，经国务院批准于1985年开始实施的。这也是我国有计划、有目的地培养高层次青年人才的一项重要制度。二十多年来，在党中央、国务院的领导下，经过各方共同努力，我国已建立了科学、完备的博士后制度体系，同时，形成了培养和使用相结合，产学研相结合，政府调控和社会参与相结合，服务物质文明与精神文明建设的鲜明特色。通过实施博士后制度，我国培养了一支优秀的高素质哲学社会科学人才队伍。他们在科研机构或高等院校依托自身优势和兴趣，自主从事开拓性、创新性研究工作，从而具有宽广的学术视野、突出的研究能力和强烈的探索精神。其中，一些出站博士后已成为哲学社会科学领域的科研骨干和学术带头人，在“长江学者”、“新世纪百千万人才工程”等国家重大科研人才梯队中占据越来越大的比重。可以说，博士后制度已成为国家培养哲学社会科学拔尖人才的重要途径，而且为哲学社会科学的发展造就了一支新的生力军。

哲学社会科学领域部分博士后的优秀研究成果不仅具有重要的学术价值，而且具有解决当前社会问题的现实意义，但往往因为一些客观因素，这些成果不能尽快问世，不能发挥其应有的现实作用，着实令人痛惜。

可喜的是，今天我们在支持哲学社会科学领域博士后研究成果出版方面迈出了坚实的一步。全国博士后管理委员会与中国社会科学院共同设立了《中国社会科学博士后文库》，每年在全国范围内择优出版哲学社会科学博士后的科研成果，并为其提供出版资助。这一举措不仅在建立以质量为导向的人才培养机制上具有积极的示范作用，而且有益于提升博士后青年科研人才的学术地位，扩大其学术影响力和社会影响力，更有益于人才强国战略的实施。

今天，借《中国社会科学博士后文库》出版之际，我衷心地希望更多的人、更多的部门与机构能够了解和关心哲学社会科学领域博士后及其研究成果，积极支持博士后工作。可以预见，我国的博士后事业也将取得新的更大的发展。让我们携起手来，共同努力，推动实现社会主义现代化事业的可持续发展与中华民族的伟大复兴。

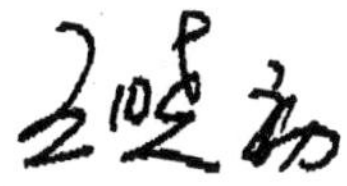

人力资源和社会保障部副部长

全国博士后管理委员会主任

2012 年 9 月

摘　　要

由金融产品创新引发的美国次贷危机，不仅给美国经济造成重创，而且对世界经济造成了深远的消极影响，其原因就是金融创新过度和监管当局的监管缺陷，证明了美国的金融监管制度对危机抵御能力的缺失，也引致了新一轮金融监管制度改革。美国次贷危机引出了三个重要的金融新概念，即影子银行体系、系统重要性金融机构和宏观审慎监管政策框架，这成为新的监管体系建立的核心内容。影子银行体系助推了全球金融市场的快速发展，使现有的监管体制变得莫衷一是，并且由此引发出货币政策效果减弱和监管缺失，使各国政府及金融监管机构不得不考虑系统性金融风险的防范和宏观审慎监管问题。金融稳定理事会（FSB）作为国际社会新成立的全球性金融稳定监管国际组织，提出要加强宏观审慎监管的覆盖，以促进系统性金融监管来监督和减小系统性风险。中国在中共十七届五中全会也提出了“构建逆周期宏观审慎政策框架”。因此，为了有利于金融监管政策和措施的有效实施和效率的提高，基于美国次贷危机的背景，对金融产品创新产生的宏观效应进行比较系统的研究具有重要的理论意义和现实意义。

本书从金融创新的历史发展、金融监管改革及其宏观效应、影子银行体系及其宏观效应、系统重要性金融机构及其宏观效应、宏观审慎监管及其宏观效应、金融产品创新宏观效应的传导机制及应用六个方面，比较系统地阐述了金融产品创新的宏观效应，本书主要结论如下：

（1）从基本层面考察了金融创新的内涵、金融创新的发展历史和不同的金融创新模式等，站在金融业或金融环境的角度探讨了金融创新的内部和外部主要原因，进而分析了金融创新与金融监管之间的基本关系，研究认为充分有效监管基础上的金融创新是推动经济发展、提高金融体系效率和规避风险的重要动力。

（2）从历史的角度研究了美国和中国金融监管改革的历史进程，并且对2008～2012年国际金融监管大事件进行了梳理。运用主成分分析法构建了我国的金融监管指数，研究发现金融监管指数在2009～2012年始终处于上升阶段，金融监管的目标实现程度逐步增强，金融监管促进了宏观经济和金融体系的运行。从2010年金融监管对宏观经济的作用开始下降，监管效应主要体现在刺激金融领域的发展。从2012年开始，金融监管对微观经济的作用和宏观经济的作用都维持在比较稳定的水平。

（3）系统重要性金融机构由于规模和市场关联度的优势，对整个金融体系和实体经济产生了巨大的外部效应。金融创新活动的高风险性带来的负外部效应会引发巨大的系统性风险。本书研究了系统重要性金融机构正负两方面外部性的作用机制和宏观效应，发现负外部性加大了整个金融体系的边际成本及政府和纳税人的负担，而且会快速传递到宏观经济体系。进一步结合庇古和科斯的外部性政策方法对系统重要性金融机构的监管问题进行了讨论，并将监管方法从政府解和市场解两个方面进行了分析，认为现有的业务管制和资本附加等监管方法可以在一定程度上使系统重要性金融机构的负外部性内在化，但是对于银行规模和税收方面的监管措施还需改进。

（4）在金融监管放松和金融创新背景下诞生的影子银行体系，在为市场参与者提供多种金融服务、平衡社会资金供求和推动整体金融市场发展的同时，因其高杠杆性和低透明度等特征，在其短期快速成长的同时，也积聚了大量的风险，并给整个金融市场和宏观经济带来极大的冲击和难以估量的损失，对社会融资方式和货币政策效果产生了新的挑战。本书运用Granger因果检验和向量误差修正模型研究了影子银行体系对社会融资规模、货币供需、物价和经济发展水平的影响，并针对我国影子银行的发展情况给出了监管建议。

（5）在金融创新与经济发展、货币供求、金融风险及福利效应四个方面研究了金融创新的宏观效应。研究表明，金融创新水平与经济增长之间存在相互影响的关系，金融创新会使广义货币供应量减少，广义货币供给的增加会促进金融机构的创新行为。研究还表明，中国金融发展速度快于经济发展，实体经济的交易和投资活动逐步通过金融资产实现，金融资产总值与国内生产总值相比对宏观经济的敏感程度较高。

（6）美国金融危机暴露出识别和测量系统性风险的缺陷和对金融系统稳定性负责的全面政策框架的缺失，为此国际社会开始建立宏观审慎监管政策框架，并对金融系统整体稳定性进行维护。本书研究表明，现行实施逆周期政策时间的确定受宏观经济形势和货币政策两方面因素的影响。宏观审慎监管的逆周期政策有助于消化金融市场产生的负面冲击，分散不同经济阶段的压力。宏观审慎政策工具中增加资本和提高流动性的要求在短期内会增加银行运营成本，降低金融体系效率，削弱本国银行的国际竞争力，同时抵消其他宏观政策对经济刺激的效果。长期严格审慎的监管标准会减小经济周期的幅度，从而使金融机构稳健运行。

关键词：金融创新　金融危机　金融监管　系统重要性金融机构　影子银行体系

Abstract

The United States subprime mortgage crisis caused by financial product innovation, made a profound negative impact. not only on the U. S. economy, but also on the world economy. The excessive financial innovation and regulation defects of regulatory authorities, proves the defects of the ability to resist to the crisis of the U. S.. It also led to a new round of reform of financial supervision system. The U. S. subprime mortgage crisis led to the three important financial new concepts, namely, the shadow banking system, systemically important financial institutions and macro-prudential regulation policy framework, which become the core content of the new regulatory system to be established. The shadow banking system speeded up the development of global financial markets, challenged the existing regulatory system, and weakened the monetary policy effects and explosed the imperfection of regalation. Governments and financial regulators in the world have to take into consideration the systemic financial risk and macro-prudential regulation problems. The Financial Stability Board (FSB) as the new global international organization of the international community, put forward to strengthen the macro-prudential regulation scope so as to promote to oversee systemic financial supervision and reduce systemic risk. China also put forward in the fifth plenary session of the 17th CPC Central Committee "build counter-cyclical macro-prudential policy framework". Therefore, in order to benefit the effective and efficiency of the implementation of the financial regulatory policies and measurements, doing research on systematic the macroeconomic effects on financial products innovation based on the background of the U. S. subprime mortgage crisis, has important theoretical significance and practical significance.

This book systematically expounds the macro effects of financial products innovation – from six aspects, which include the historical development of financial innovation, financial regulatory reform and macroeconomic effects, the shadow banking system and macro effects, systemically important financial institutions and its' macro effects, macroprudential regulation and its macro effects, financial product innovation and its macro effects and its transmission mechanism with applications. The main work and conclusions are as follows:

(1) From the basic level, this book dicusses the connotation of financial innovation, the development history of financial innovation and financial innovation patterns, based on the point of view of finance or the financial environment. The main internal and external reasons of financial innovation and the basic relationship between financial innovation and financial supervision are analyzed. Financial innovation based on the fully effective regulation is the important motivation to promote economic development, improve the financial system efficiency and avoid risk.

(2) This book investigates the historical process of financial regulatory reform both in the United States and China from 2008 to 2012, and teases out the international financial regulatory big events. Using principal component analysis (PCA) to build China's financial regulation index, the study that financial regulatory index from 2009 to 2012 was always at the rising stage, the realization degree of financial regulation goal was gradually strengthen, financial supervision promoted the operation of the macro economic and financial system. Since 2010, the macro began to decline, the role of regulatory effect mainly reflected in stimulate the development of the financial sector. Since 2012, the role of financial regulatory effects on microeconomic and macroeconomic remained at maintained relatively stable level.

(3) The systemically important financial institutions produced

huge external effects on the entire financial system and real economy, owing to its advantage on scale and market correlation. The negative external effects caused by high risk of financial innovation activities can lead to immense systemic risk and crisis. This book analyzes the mechanism and micro effects of positive and negative externalities induced by systemically important financial institutions. It is found that negative externalities will increase the marginal cost of the entire financial system, the government and the taxpayers' burden, and the negative externalities will quickly pass to the macro economic system. At last, this book further discusses the regulation of systemically important financial institutions combining the externalities policy methods of Pigou and Coase from two aspects of government and market solutions, and comes to a conclusion that the existing business controls and additional capital regulatory methods can make the negative externalities internalization in a certain extent, but the regulations to bank size and taxation still need to be improved.

(4) The shadow banking system was created in the context of financial liberalization and financial innovation. It can diversify the financial services, balance social capital supply and demand, and accelerate the overall development of financial markets as well. However, owing to the characteristics of its high leverage and low transparency, shadow banking system grows rapidly in the short-term, while accumulating large-scale risk. At the same time, it has a tremendous impact and incalculable loss to the entire financial system and macroeconomic. As a main part of micro-economic, the shadow banking system presents new challenges for social financing and the effects of monetary policy. This book analyzes the impact of the shadow banking system on the scale of social financing, money supply and demand, price and the level of economic development through the Granger causality test and vector error correction model. At last, we make policy recommendations for the development of Chinese shadow banking system.

(5) This book researches the macro effects of financial innovation

in the four aspects, which include financial innovation and economic development, financial innovation and money supply & demand, financial innovation and welfare effects. Our study shows that the mutual influence exists between financial innovation and economic growth, financial innovation could reduce the amount of broad money supply, and an increase in broad money supply will promote innovative behavior of financial institutions. The development of Chinese financial is faster than economic growth, the trade and investment activities of real economy comes into realization through financial assets gradually. The financial assets are at high more sensitive to macroeconomic compared to GDP.

(6) The U. S. financial crisis exposed the defects of systemic risk identification and measurement, at the same time, the comprehensive policy framework responsible for the stability of the financial system was deficient. Therefore the international community began to establish macroprudential policy framework and protected the financial system stability. This study shows that the time determination of current counter-cyclical policies implementation is influenced by the macroeconomic situation and monetary policy. The counter-cyclical policy helps to digest the negative impact of financial markets and decentralizes economic pressure of different stages. In the short term, the capital and liquidity requirements of macroprudential supervision policy instruments will increase the bank operating costs, reduce the efficiency of the financial system and undermine the international competitiveness of domestic banks, while offsetting the stimulus effect of other macroeconomic policies. In the long term, strict prudential standards will promote maintain the stable operation of financial institutions through magnitude of the economic cycle.

Key Words: Financial Innovation; Financial Crisis; Financial Supervision; Systemically Important Financial Institutions; Shadow Banking System

目　录

Contents

第一章　绪　论

第一节　研究背景和意义

2007 年以来由美国次贷危机（次级按揭贷款）引发的全球性金融危机，对世界经济的稳定与发展产生了深刻的影响。这场震惊世界的金融危机被经济学家们誉为 20 世纪 30 年代“大萧条”以来最严重的金融风暴，它造成了次级抵押贷款机构破产、投资基金被迫关闭、股市剧烈震荡，使全球主要金融市场出现流动性不足，其波及范围之广、冲击力度之强、连锁效应之快都是前所未有的，引发了世界各国对经济发展前景的担忧。本次金融危机爆发的一个重要原因出现在新型金融衍生品的创造及其交易上，在金融衍生产品大行其道，各类金融机构业务交织，而金融监管严重滞后的情形下，金融产品创新犹如脱缰之马，产生了无法预期的严重后果。此次次贷危机引发的多米诺骨牌效应，也是典型的金融创新过度、滥用和透支金融资源带来的恶果，使人们清醒地认识到金融产品创新在促使金融资源优化配置和维护金融市场稳定的同时，也同样会带来严重的系统性风险和金融危机，乃至经济危机。

美国次贷危机引出了三个重要的金融新概念：一是影子银行体系；二是系统重要性金融机构；三是宏观审慎监管政策框架（换个角度，这也是本次金融危机对金融创新的“贡献”，因为从某种意义上说，金融发展史就是金融不断创新的历史）。

影子银行体系是指那些行使着银行功能却不受监管或少受监管的非银行金融机构及其开发的金融产品。金融稳定理事会（Financial Stability

Board，FSB）指出，影子银行体系广义上是指正规银行体系之外的信用中介实体及其业务活动，狭义上是指上述系统中那些具有系统性风险隐患，包括期限转换、流动性转换、信用风险转移和具有监管套利隐患的实体及其活动。[①] 影子银行体系中最具代表性的独立法人金融机构包括投资银行、按揭金融公司、私募股权基金、货币市场基金和对冲基金等，此外还包括商业银行内部从事影子银行业务的业务部门。影子银行体系中包含的主要金融产品有担保债务凭证（CDO）、信用违约互换（CDS）、资产支持商业票据、再回购协议、各种代理类交易账户，以及也可归入中间业务的金融顾问服务等。影子银行最主要的特征是，除了不能吸收存款之外，几乎所有的商业银行业务都可经营，却游离于中央银行与金融监管当局的管辖体系：一方面，由于不直接吸收存款，影子银行体系在过去基本上不受货币当局的监管；另一方面，它的银行信用创造情况以及业务经营的外部性与系统性风险，在过去的金融审慎监管中几乎不受约束（何海峰，2010）。

影子银行体系及其活动几乎无处不在，对货币政策产生了极大的负面影响。影子银行体系在货币银行信用的基础上进行证券信用的创造，最终又放大了整个金融体系对于货币银行信用的创造，但却游离于央行监管体制之外，这是其削弱了央行宏观调控能力的根本原因。在过去的十多年间，世界范围内影子银行体系所创造的金融工具几乎完全破除了金融系统结构中机构与市场之间的边界，也使习惯各司其职的监管体制变得无所适从。由此暴露出的货币政策失效和金融监管疏漏等问题，在国际金融危机爆发之后开始得到人们的反省（何海峰，2010）。在我国，影子银行的构成与发达市场国家还存在较大差别，对冲基金和特殊目的机构（SPV）尚未发展，仅有的影子银行主要是最近几年发展起来的私募股权基金、私募投资基金、民间借贷机构以及开展银信理财合作的投资公司等，其规模小、产品结构单一，风险尚未凸显。但是，对其进行监管已经成为后危机时代我国金融监管部门考虑的重要问题（周小川，2011）。Gennaioli 和 Vishny（2013）认为，在理性预期下影子银行体系是稳定的而且可以提高社会福利，但当投资者忽略尾部风险时更易遭受危机和流动性风险。Adrian 和 Ashcraft（2012）认为，大部分影子银行的活动与银行控股公司和保险公司等核心监管机构的业务交织在一起，从而成为了一个大的金融体系的系统性风险

① Financial Stability Board（FSB），*Shadow Banking*：*Scoping the Issues*，2011.

来源。

系统重要性金融机构（SIFIs）泛指其倒闭将对金融体系稳定性和实体经济运行造成重大负面冲击的金融机构，它对金融体系的影响包括核心金融功能的中断、金融服务成本急剧增加等；对实体经济的影响包括对信贷供给和需求的影响以及影响的时间跨度。金融稳定理事会（FSB，2012）将SIFIs进一步划分为两个层面，即国内系统重要性金融机构（D－SIFIs）和全球系统重要性金融机构（G－SIFIs）。巴塞尔委员会（BCBS，2011）公布了全球系统重要性银行（G－SIBs）的计量方法和附加资本要求，提出了基于指标的确定方法，即以“规模、跨境活跃程度、关联度、可替代性和复杂性”五个指标对G－SIBs进行衡量。[①] 2011年11月巴塞尔委员会根据指标法确定了12个国家的29家G－SIBs，我国的中国银行是唯一一家进入G－SIBs系列的国内银行，在2013年11月巴塞尔委员会公布的G－SIBs名单中，中国银行和中国工商银行同时入选。中国银监会已经把工商银行、农业银行、中国银行、建设银行、交通银行定为国内的系统重要性金融机构。

正如系统重要性金融机构的定义所指，系统重要性金融机构的倒闭具有强烈的负外部性，会对宏观经济产生消极影响，因此出现了“大而不能倒”的负向激励效应。自然地，在危机发生时，政府会采取宽容的监管政策，帮助这类金融机构度过危机。这种“监管宽容”往往会导致两大问题：一是引发市场主体的道德风险和逆向选择；二是引发市场失灵（张显球，2011）。

宏观审慎监管政策框架是一个动态发展的框架，其主要目标是维护金融稳定、防范系统性金融风险，其主要特征是建立更强的、体现逆周期的政策体系，主要包括对银行的资本要求、流动性要求、杠杆率要求、拨备规则、对SIFIs的特别要求、会计标准和衍生品交易的集中清算，等等。宏观审慎政策框架形成于2008年国际金融危机深化以后，主要是从宏观角度解释危机爆发的原因：一是针对金融系统的顺周期性（或逆周期性），监管当局应当对金融系统存在的顺周期问题提出明确的监管方向和具体的措施；二是针对系统重要性金融机构的影响，监管当局应当严加监管，执行更高

① Basel Committee on Banking Supervision, *Global Systemically Important Banks: Assessment Methodology and the Additional Loss Absorbency Requirement*, Bank for International Settlements, Basel, 2011.

的审慎性标准，且出了问题处理更加坚决。2009 年国际清算银行提出的宏观审慎的概念来解释大而不能够倒、顺周期、监管不足和标准不高等问题，已经被广泛接受，我国在中共十七届五中全会中已经明确提出要“构建逆周期的金融宏观审慎管理制度框架”。2010 年 11 月，G20 领导人在韩国首尔会议中号召国际货币基金组织、金融稳定理事会和巴塞尔委员会制定一个宏观审慎政策框架来处理金融系统性风险和被金融系统放大的风险。2010 年 12 月，中央经济工作会议已将这一提法引入中央全会文件，目前只剩下落实和推进了（周小川，2011）。FSB-IMF-BIS（2011）将宏观审慎监管定义为是运用主要的工具限制系统性金融风险，从而降低主要金融服务中断的发生率，而这些又对实体经济产生严重影响。宏观审慎监管认识到了一般均衡效应，将金融系统作为一个整体来维护，旨在对金融失败进行识别、免疫、隔离和干预（Gordon 和 Mayer，2012）。2011 ~ 2012 年中国银监会先后出台了《商业银行资本管理办法（试行）》（银监发［2012］1 号）、《商业银行杠杆率管理办法》（银监发［2011］3 号）、《金融企业准备金计提管理办法》（财金［2012］20 号）、《商业银行流动性风险管理办法（试行）》（征求意见稿）等文件，以强化银行业宏观审慎监管。

在监管措施方面，鉴于美国次贷危机引发的国际金融领域的系统性风险的爆发，国际性金融监管机构巴塞尔委员会于 2009 年提出了巴塞尔协议（Basel Ⅱ）的加强版，并按照 G20 领导人确定的金融监管改革目标，在金融稳定理事会（FSB）的主导下，又于 2010 年在 Basel Ⅱ 的基础上提出了第Ⅲ版的巴塞尔协议（Basel Ⅲ）。如果说 Basel Ⅱ 的加强版是对过去微观审慎监管的修补和完善，那么 Basel Ⅲ 提出的一揽子监管框架或标准则体现了微观审慎监管与宏观审慎监管有机结合的监管新思维，是国际金融领域达成的监管共识的具体体现，因为微观审慎监管以单一机构稳健成长为目标的金融监管实际上不能够解决金融体系的系统性风险和全局性稳定问题。目前，我国已经列出了实施中国版 Basel Ⅲ 的时间表。2013 年 10 月，巴塞尔委员会发布的《中国资本监管规则与国际资本监管规则一致性的评估报告》，对中国银行业监管制度进行了积极正面的评价。总体评估结论为“符合”，在资本监管框架的 14 个组成部分中，12 项被评为“符合”，2 项被评为“大体符合”。

金融创新与金融监管有着本质的联系，随着经济的发展和金融环境的变化，金融机构对于利润的追逐往往会通过金融创新这一方式来规避监管，而金融创新又会打破金融体系原有的均衡状态。在金融创新的过程中产生了大量从事期限转换、流动性转换、信用风险转移和具有监管套利隐患的影子银行体系，形成了结构复杂的债权债务关系和利益链条，存在巨大的系统性风险隐患，使金融严重脱离了实体经济。美国次贷危机的爆发以及迅速波及实体经济并转换为全球性金融危机的事例证明了金融监管制度的缺陷和对危机抵御能力的缺失，危机之后美国开始了对金融监管制度的新一轮改革。对系统重要性金融机构的监管和宏观审慎监管体系是危机后金融监管改革的两个重要方面。系统重要性金融机构具有规模较大、市场关联度高等特性，其行为不仅关系到自身的存在和发展，更影响到金融系统和整个宏观经济的稳定，管理不当甚至会引发巨大的系统性风险和危机。而金融体系仅依靠微观审慎监管不足以维护金融稳定和经济增长。顺周期性的扩张加剧了金融体系的波动，金融市场的内部关联性引发了金融市场的不稳定性。宏观审慎是将金融系统作为一个整体，采用相关的政策工具限制金融服务大面积中断的系统性风险，维护金融稳定。过度金融创新引发危机，透过危机审视金融监管体系的缺陷，通过改革完善监管体系并以此规范金融创新、促进金融发展，是金融创新良性循环的必要路径，而以上环节对宏观经济也产生了不同的效应。

综上可见，为分析美国次贷危机爆发的原因及其对宏观经济产生的影响，有必要对下列问题进行深入研究：如何正确看待金融创新与金融风险管理？怎样正确评价影子银行体系对宏观经济的影响？如何对影子银行体系进行监管？如何加强对系统重要性金融机构的监管？如何构建和落实宏观审慎监管的政策框架？在这些问题研究的基础上，进一步探讨金融产品创新对经济产生正负宏观效应的方式、途径和程度，对于中国金融和经济的发展具有重要的现实意义。

第二节　国内外文献综述

金融作为现代经济的核心，是现代社会经济的助推器，金融在市场配置中发挥着重要角色。随着社会经济的发展，需要更多的金融服务，客观上要求金融机构或部门改进服务，对产品进行创新，满足客户需求和社会需要。20 世纪 60 年代，金融创新发端于欧美发达国家，20 世纪 70 年代日益活跃，20 世纪 80 年代后扩展到发展中国家，并形成世界性的浪潮。进入 21 世纪，金融产品创新的研究范围和内容更加纷杂，不仅侧重于制度安排、市场结构以及金融效率等宏观方面的研究，而且注重对金融工具、金融风险、金融产品等微观方面的研究。在我国，2006 年银监会发布了《商业银行金融创新指引》，鼓励各商业银行进行有序创新。

一、金融产品创新

“创新”一词最早是由熊彼特于 20 世纪初在《经济发展理论》一书中提出的，他把经济活动过程中生产要素和生产条件的重新组合称为创新。Tufano（2002）将金融创新看成是创造并推广新的金融工具、金融技术、金融企业和金融市场的行为，并将金融创新进一步细分为产品、机构、市场和制度创新。经济发展与合作组织（OECD，2005）在一份报告中从产品创新、市场创新、过程创新和组织创新四个方面系统地给出了“创新”的具体定义，报告指出产品创新是引入一种新的或能够显著改善其特征或预定用途的商品或服务。

周游和高翠翠（2009）认为，广义的金融创新大致可归为三类，包括金融制度创新、金融业务创新和金融组织创新；狭义的金融创新指的是金融业务创新，其核心是金融产品创新。周国林（2008）指出，在分业经营制度下，中国金融产品的创新受制度的阻碍、主体缺乏创新动力、市场发展不平衡等多种因素的制约，存在很多问题与不足。深化基础产品的创新，在此基础上审慎发展衍生产品市场是中国金融产品创新的现实选择。因此，无论是商业银行本身的创新动力，还是理论研究的结论，都说明我国商业银行的金融创新是战略性选择和发展趋势，其中产品创新居于中心位置。魏岩（2009）认为，金融创新产品的研发是商业银行的一项重要任务，它可以实现商业银行自身发展的需要，转移风险，实现资源的优化配置，达到利润最大化，提升商业银行的社会形象，创建银行品牌，增强综合竞争力。姚瑜琳（2009）提出，中间业务创新将成为商业银行重要的利润增长点；从单一银行业务平台向综合理财业务平台转变；虚拟化银行业务的发展将成为大势所趋；衍生交易领域创新将更加令人瞩目。从创新动力看，产品创新受制性强；从创新效果看，无法满足客户需求和竞争需要；从创新品种看，品种少、模仿多且效益低；从创新深度看，尚停留在基础产品。严太华和王磊（2008）指出，中国的经济主体与市场体系的不完善，总行研发能力较强而基层银行研发产品能力不足，决定了迄今为止金融产品创新主要还是由政府主导的。但从长远来看，从政府主导创新向市场主体自主创新的过渡是不可逆转的，这要求既要规范金融产品创新的外部环境，又要创造市场创新的内生机制，还要充分利用后发优势，借鉴其他银行成熟的业务。周贤亚（2010）认为，我国商业银行产品创新应该从构建创新体制、激发创新活力、培育创新文化等多方面着手，综合提高产品创新能力。2010 年，我国银行业遵循“鼓励与规范并重，培育与防险并举”原则，坚持以服务实体经济和防范风险为导向，以审慎客观、科学可持续为标准，规范有序地推进银行业金融机构科学、稳健、合规创新，来推动我国银行产品创新稳步发展。赵晓钧（2010）认为，中国金融创新与美国的金融创新超前于实体经济不同，中国金融业创新相对于实体经济而言相对滞后。这与中国的国家经济地位及宏观经济发展极不相称。此外，中国金融创新还具有诸如追求盈利的创新多、防范风险的创新少，负债类业务创新多、资产类业务创新少，吸纳性创新多、原创性创新少，资金滞留在一级市场多、进入实体经济少等特点，这说明我国金融创新还有待于进一步发展。Liu 和 Chen 等（2010）指出，产品创新作为金融创新的重要手段，可以提升商业银行的核心竞争力，中国的商业银行受到社会体制和环境的制约，具有产品创新同质化、创新缓慢、不具备规模化等问题。樊志刚和李卢霞（2011）将微观金融创新分为产品创新和制度创新两类，产品创新决定了商业银行的盈利水平和市场占有率，而制度创新决定了产品创新的水平和可持续性。制度创新和产品创新的失衡而导致的商业银行经营风险是危机发生的本源性原因，而由宏观制度创新不足导致的外部金融生态环境的恶化是危机的外部原因。Gennaioli 和 Vishny（2013）认为，金融中介机构进行产品创新时忽略了某些不太可能发生的风险，使创新产品发行过多，而当投资者最终认识到被忽略的风险时会转向传统的投资领域和市场，即使没有杠杆作用，这些传统市场也将变得更加脆弱。

二、金融产品创新与风险管理

从金融创新的起源来说，金融创新的目的就是规避风险，通过各种技术创新、金融理论和制度来降低风险，特别是金融工程的出现极大地丰富了现有的金融风险管理工具。同时，金融创新本身在规避某些风险的同时也带来了新的风险，例如金融衍生产品分散和化解金融风险的同时，可将一种（或一方的）金融风险转化为另一种（或另一方的）风险。金融创新可能促使风险的再生。金融产品创新既有积极作用，也有消极作用。其积极作用是促进金融企业运作效率的提高，增加经营和经济效益，同时满足市场的新需求，增大投资者的选择余地，降低交易成本，从而推动和促进金融、经济的发展。其消极作用主要是风险和投机的滋生，使投资者、金融企业和金融体系面临的风险加大。然而，从总体上看，金融创新的积极作用远远大于消极作用。朱忠明（2004）认为，由于金融创新包括产品创新、市场创新和制度创新，将新的风险带入到整个金融体系中来的现象就是风险的再生。金融产品的创新使市场的波动性增加，交易由于脱离实物而变得难以控制，减弱了宏观经济政策的有效性，使金融风险变得更难控制。金融市场的创新模糊了不同市场之间的界定，金融风险的传染性提高，降低了金融体系的稳定性。而不合时宜的制度创新以及制度创新存在的缺陷、配套措施的滞后，最终造成制度创新违背了初衷，反而使金融系统的不稳定性增加。吴宗金（2005）认为，金融产品创新使金融企业的经营风险增大，金融产品的风险伴随着金融创新过程仍在加大，增加了表外业务风险、伙伴风险，为金融投机活动提供了新的手段与场所。周国林（2008）认为，在分业经营制度下，中国金融产品的创新受制度障碍、主体缺乏创新动力、市场发展不平衡等多种因素的制约，其中风险管理成为了发展瓶颈之一，审慎发展衍生产品市场是中国金融产品创新的现实选择。巴塞尔委员会（2008）认为，金融创新中金融风险传染一般是通过两个渠道，即信息渠道和流动性渠道。廉桂萍和李妍（2009）通过对美国次贷危机的分析，得到以下几点启示：金融创新应该循序渐进；金融机构适度介入衍生品市场；金融机构不能过度依赖数学模型；防范房地产信贷风险；防范贷款机构道德风险；将衍生品的场外交易转化为场内交易；加强对评级机构监管和提高金融监管水平。姚良（2009）提出，金融创新既为提高商业银行竞争力做出了突出贡献，但也提高了商业银行风险防范的难度。尽管我国金融产品创新种类较少、程度也较浅，但是银行产品创新具有风险隐蔽性，产品创新对流动性的依赖导致了其风险的放大效应，商业银行金融产品创新具有较高的风险集中性，金融产品创新只能转移风险，却不能消除风险。魏昌平（2010）分析了国有商业银行产品创新的风险，有产品创新的市场风险、信用风险、操作风险。此外，金融产品创新还有可能出现高科技风险、关联性风险及经营风险、法律性风险等。刘安霞和陈昭旭等（2010）指出，开展产品创新活动，必须建立、健全一套完整、有效、合理的风险管理体系与内控机制。商业银行应当对创新过程中可能发生风险的各个环节进行改进，努力防范和降低风险的发生。薛智胜（2012）以金融衍生品为研究对象，指出金融产品创新具有衍生性、结构性、杠杆化和内生化等基本特征，尽管金融创新产品具有转移和分散金融风险的功能，但是金融创新却无法消除整体风险，因此它只是在微观上降低了风险，在宏观上却是将风险以新的方式重新组合，并且随着金融创新的发展，未来的风险也日趋复杂。龚攀和王兵（2013）从微观金融视角进行研究，认为金融创新中的资产证券化过程放大了银行的财务杠杆，加剧了资产价格的波动，将资本市场、信贷市场和实体经济紧密联系起来，促使资本市场上的波动演变为实体经济的波动，对银行的救助不会增加其对实体经济的融资，反而会使其更加惜贷并倾向于增加其在中央银行的储备资金或持有证券化资产，从而可能导致金融危机演变为经济危机。

三、金融产品创新对宏观经济的影响

无论金融产品创新的动机如何、风险如何，金融创新促进金融和经济发展的观点得到了越来越多的证实。关于金融和经济关系的争论由来已久，金融发展促进经济增长的观点得到了越来越多的理论和实证支持。Gregorio 和 Guidotti（1995）、Levin 和 Zervos（1996）认为，如果不懂得金融体系的演进和功能，就不能充分理解长期经济增长。讨论金融发展问题自然不能回避金融创新的重要性，Van Horne（1985）认为，金融创新是金融体系的基石，也是一个高效和富有活力的资本市场新鲜血液；Merton（1995）认为，金融创新是使全球金融体系变得更具有经济效率的推动力。Danset（2002）研究了金融创新在经济增长过程中扮演的重要角色。金融创新促进了金融企业运作效率的提高和经营效益的增加，丰富了金融市场的交易品种并加速了金融市场一体化，促进了金融改革，推动了经济发展。各种金融创新增强了金融在经济发展中的重要性、渗透力和作用力，促使金融发展与经济发展融为一体，从而使金融成为经济发展的重要推动力。世界经济论坛（World Economic Forum，2012）认为，金融创新可以从为实体经济提供资金支持、推动包容性、提高经济效率和平衡跨部门经济风险等方面产生正面效应，同时从消费者利益损害、机构破产、系统性风险和市场诚信损失等方面阐述了金融创新的负面效应。江曙霞和郑亚伍（2012）研究了金融创新、R&D 与经济增长的关系，认为金融创新不仅会直接影响经济增长率，还会通过对技术创新的影响，间接地影响到经济的增长，而且不同的金融创新产品对 R&D 和经济增长的影响也有所不同。Laeven 和 Levine 等（2012）认为，金融创新可以提高对实体经济的有效甄别，如果金融创新止步，则技术创新和经济发展将止步不前。

金融产品创新在带来积极的宏观效应的同时，其负面的作用也逐步显现。张光华（2002）以广东银行业的业务创新为研究对象，从货币政策的角度分析了宏观效应，创新使货币的定义与计量变得困难，削弱了中央银行控制货币供应量的能力，改变了传统货币政策工具的作用效果，改变了货币政策的传导机制等，在金融体系的层面上，金融创新使金融业的经营风险加大，金融体系的稳定性下降，但是总体来说正面的影响明显占优势。卜亚（2010）指出，我国商业银行金融产品创新速度加快，创新产品在若干领域产生了积极影响，不但提升了我国商业银行的综合竞争力，扩大了金融市场规模，丰富了产品种类和层次，而且也推进了利率、汇率的市场化进程。金融产品创新成为提高金融企业核心竞争力的重要手段，是金融企业求得生存和发展的常用途径，是金融创新的核心，也是银行各种创新能力的集中体现。金融产品创新在给商业银行及其合作金融机构带来传统业务之外巨额利益的同时，也对科技进步、社会发展和世界经济产生了极大的推动作用。Boot（2010）认为，金融创新可以从降低信息不对称和代理成本角度完善金融市场，金融创新的负面作用可以归纳为金融创新使银行、证券等市场之间相互联结，这种联结更易受到宏观经济形势的影响。Gorodnichenko 和 Schnitzer（2010）从微观层面考察了金融发展如何影响宏观经济水平，研究发现金融抑制和创新不发达会抑制国内企业的创新能力和出口。孙浦阳和张蕊（2012）通过对 1996～2007 年 78 个国家的经济发展指标、技术进步指标以及金融创新指标进行分析，得出了在考虑金融创新在经济增长模型中存在内生性的情况下，金融创新单独对经济增长的作用方向是不确定的，甚至可能存在显著的抑制作用，而金融创新通过技术进步对经济增长的促进作用是显著的结论。Beck 等（2012）通过研究发现，高水平的金融创新与一个国家的成长机会、资本、人均 GDP 和依赖于外部融资的行业联系紧密。另外，金融创新也与依赖于外部融资和创新产业的实体经济产出波动率、银行体系的脆弱性、利润波动和损失有着密不可分的关系。方显仓（2013）认为，金融创新使实际投资对利率的敏感程度下降，使金融资产之间替代转换程度提高，金融资产价格对利率的敏感度提高，从而降低了交易成本、提高了交易效率。其结果是，IS 曲线变得更加陡峭，LM 曲线变得更加平缓，致使货币政策利率渠道和信用渠道的传导机制及效果减弱，广义利率传导机制也变得更加模糊。

四、金融产品创新与影子银行体系

美国次贷危机暴露出的一个重要问题就是对影子银行体系监管的缺失。确切而言，2008 年爆发的全球金融危机是影子银行体系的崩盘，是 1930 年商业银行倒闭的现代翻版。所以，对影子银行体系的监管已引起各国监管机构的足够重视。巴曙松（2013）指出，影子银行本质上是一种金融创新，它具有金融创新所拥有的基本特征，应当从服务实体经济和促进非传统银行业务健康发展角度来规范和引导这一类金融创新。影子银行体系的金融产品创新作为微观经济主体的活动，通过种种途径和传导机制对宏观经济产生了不同的影响。2013 年 1 月印度储备银行副行长阿南德·辛哈指出，尽管影子银行体系为传统银行体系发挥了很大的补充作用，但是由于其复杂性、联结性和缺乏监管等特性，影子银行体系增加了金融体系的流动性风险、杠杆风险、监管套利和风险蔓延。金融产品创新，给货币政策提出了新的挑战，削弱了货币政策中介目标的可测性、可控性和相关性，弱化了存款准备金率和再贴现政策的效果，减弱了货币政策的作用。影子银行体系与商业银行捆绑在一起，相互之间进行资金和产品的融通，通过金融产品创新和高杠杆，数十倍地直接放大货币和银行信用，对宏观经济的稳健运行产生了重大冲击。

就国内市场而言，虽然当前并未形成完善的影子银行体系，但也已经初现端倪，主要以影子银行产品为主，如（阳光）私募股权基金、证券投资基金、券商集合理财产品、信托产品、保险产品和银行理财产品等。根据中国人民银行的社会融资规模的统计，人民币贷款占社会融资规模的比重从 2006 年的 73.8% 逐年下降至 2012 年的 52.1%，影子银行体系的出现增加了委托贷款、信托贷款、未贴现银行承兑汇票的规模，使人民币贷款的规模相对减少。影子银行体系的诞生模糊了央行货币政策的窗口指导口径，比如2010年央行制定的信贷规模上限为7.5万亿元，但如果加上通过影子银行体系进行的贷款投放规模，2010年的新增货币供应量将大幅提高（王增武，2010）。李扬（2011）认为，影子银行体系在相当程度上就是金融创新自身。影子银行体系是应筹资者和投资者的多样化需求而产生的，并依托现代信息业而发展的，要想禁绝其发展，抑或是对其进行稍微严格的监管，必然会付出丧失金融效率的巨大代价。

探讨影子银行体系的发展机制及其多样化形式，不仅可能为我国的金融创新找到可持续的发展路径，也将为我国金融宏观调控和金融监管提供有益的借鉴。

五、金融产品创新及其监管问题

吴宗金（2005）指出，构建合理的金融创新风险防范机制，需要激发金融业创新的内在动力、积极推行金融监管体制的改革和组织创新、明确对金融创新的监管理念、加强国际间的金融监管合作、加快培养高素质的金融监管专业人士、积极进行监管方面的创新、建立完备的金融监管法律体系和大力推进信息化建设。邵宇（2005）认为，控制金融创新的风险，对于金融监管机构而言，需要增强对创新监管的全面性和严密性，依法将各种创新活动纳入监管的范围之内，需要增强金融监管的主动性和防御性，对创新可能出现的负面作用变事后管制为事先预防，对创新可能出现的负作用进行重点监管；对于金融企业自身而言，需要进行组织结构和公司治理的改革，加快金融创新硬件和软件的建设，在国际业务方面进行创新演习，根据需求适应的原则适当引进金融创新。金融监管是一国政府为保证宏观经济平稳有序进行，依照法律法规和一定程序，对各金融机构和金融市场实行监督、检查组织协调的过程。政府部门的金融监管是非常必要的，不能仅靠自律。时任美国证券交易委员会主席克里斯托弗·考克斯曾在2008年10月23日美国众议院政府监督和改革委员会举行的听证会上谈道："我们的教训是，依赖金融机构自律是行不通的"，没有授权任何机构和人员"监督投资银行控股公司，让它们放任自流，是一个致命的错误"。李树生和祁敬宇（2008）提出，金融创新与金融监管是一个动态的博弈过程，金融发展需要金融创新作为动力，也需要金融监管作为保障，金融创新与金融监管作为一对矛盾共同促进金融深化。冒鹏莉（2009）认为，银行产品创新中新生的或激活的货币增量甚至超过现实经济中的货币存量，引发流动性泛滥，给监管当局监测货币存量和流量以及调控货币供给带来了极大的难度。孟钊兰和徐朝娟（2009）认为，金融产品的不断创新本身会对金融监管提出新的要求，而当监管方法、手段不能适应监管要求时，就会出现创新过度的问题而使监管失效，因此，伴随金融产品创新必须加强监管。曾志耕（2012）提出，监管当局首先应进一步完善在该领域的金融立法工作，而不是直接干预金融运行，立法应从权利和义务等角度来约束所有金融创新者及金融机构，而不是直接面向金融创新产品，使金融机构在成本—收益的公平竞争环境下经营。

六、系统重要性金融机构与影子银行体系监管

美国次贷危机中，系统重要性金融机构（SIFIs）的经营失败以及影子银行体系创造的金融衍生品在全球范围流通，是美国次贷危机演化为全球经济危机的关键点，降低 SIFIs 道德风险及其经营失败的负外部效应、对影子银行进行有效监管、强化信息披露成为危机以来理论界探讨的热点问题，同时也是金融监管改革的重要内容之一。Basel Ⅲ和针对系统重要性金融机构的特殊监管规则，对保障金融系统的稳定无疑极其重要。但如果对银行系统强化监管，可能会造成资金更多地流向影子银行，这反而会加剧系统性风险，所以必须加强对影子银行的监管。国内外学者对 SIFIs 和影子银行的研究主要集中于如何提高 SIFIs 损失吸收能力、提升 SIFIs 监管强度和有效性、完善危机处置制度安排、强化核心金融市场基础设施、加强对影子银行以及与影子银行有业务往来的银行的资本要求和信息披露、规范交易活动。国外具有代表性的研究有 Douglas 和 Robert（2011），Thomas（2010）等。Ordonez（2013）认为，对影子银行体系的处理方式应该是增强它带来的好处并且降低成本，对影子银行体系的监管应该结合传统的资本要求和交叉互补措施，这一监管方式使没有进行证券化的业务仍受常规监管的限制，而证券化部分的业务通过交叉互补措施而不易受到经济形势的影响。FSB（2012）提出，从降低常规银行体系和影子银行体系的溢出效应，降低货币市场基金套利的敏感性，评估和调整与证券化有关的激励机制等方面

入手来减小影子银行体系的系统性风险。FSB 为了加强对系统重要性金融机构监管的强度和有效性，也给出了一系列的有效政策。BCBS（2012）认为，国内的系统重要性银行对本国的金融系统和经济也有相似的外部性，但对本国系统重要性银行的治理框架应符合各国结构性特征，并确保各国监管部门治理跨区域外部性的有效性。

七、逆周期监管的基本框架

巴塞尔委员会提出了逆周期监管的基本框架，主要包括四个要素：一是降低新资本协议最低资本要求的顺周期性；二是推动建立前瞻性的拨备计提方法；三是建立留存资本缓冲，督促银行通过留存利润建立资本缓冲；四是建立逆周期资本缓冲（BCBS，2010d）。2010 年，巴塞尔委员会在第三版巴塞尔协议（Ⅲ）（BCBS，2010a；BCBS，2010b）、逆周期资本缓冲指引（BCBS，2010d）和各国监管当局实施逆周期资本缓冲政策指导意见（BCBS，2010e）中指出，监管当局应根据系统性风险积累的程度计提逆周期超额资本，计提数量为风险加权资产的 0～2.5%，且超额资本只包括普通股一级资本或可以完全吸收损失的资本在内。2011 年，《中国银监会关于中国银行业实施新监管标准的指导意见》（银监发［2011］44 号）中提出，要将宏观审慎监管与微观审慎监管相结合，合理制定有关资本充足率、流动性、杠杆率和贷款损失准备的标准，充分体现逆周期监管要求，反映银行等金融机构面临的个体风险和系统性风险。2012 年 9 月，中国人民银行、银监会、证监会、保监会和国家外汇管理局共同编制的《金融业发展和改革“十二五”规划》中提出，要建立健全金融宏观审慎政策框架，结合中国国情建立逆周期政策框架，防范系统性风险。

较早以前人们就提出过应对顺周期性的有关工具，第一类工具是贷款价值比率（LTV）的最大值，它可以用来降低抵押品价值和贷款价值比率间存在的顺周期关系，Borio 和 Furfine 等（2001）对此进行过深入分析，回顾了监管者应用 LTV 比率的体会。第二类工具是前瞻性的贷款损失准备金，可以用来应对贷款损失准备的顺周期性，Fernandez 和 Pages 等（2000）讨论了前瞻性的准备金如何限制降低贷款准备金的强顺周期性。Jimenez 和 Saurina（2010）建议，前瞻性的贷款损失准备金应当随经济周期的变化考虑到银行贷款资产的信用风险组合中来。第三类工具是用来降低证券融资和场外衍生交易中的头寸设置和保证金变动的顺周期性（在本次金融危机中这些工具产生了系统性的外部负效应），这类逆周期工具主要有保证金和头寸的逆周期变化，证券融资交易中更高和相对稳定的周期头寸。在逆周期监管中可以看到，对资本的监管是重中之重。Shin（2009）探讨了如何进行逆周期资本监管以及构建前瞻性的准备金计划，这些措施都可以减少证券化对金融系统风险集中度的负面影响。Kashyap 和 Rajan 等（2008）曾经建立了一个随时间变化的资本金制度，银行应当在经济繁荣时期比在经济萧条时期持有更高比率的资本金。基于此，当经济遭受负面冲击时，银行可以动用其资本缓冲并可继续安全经营。但 Hanson 和 Kashyap 等（2010）认为，此种方法存在缺陷，在经济萧条时期，若市场为处于困境中的银行融资时，采用该种方法对银行资本的监管限制就显得不到位，因而，他们建议在经济繁荣时的最小资本金标准应大致高于萧条时期的资本金标准。在国内，李文泓（2009）曾研究了金融体系的顺周期性，分析了顺周期下资本监管、贷款损失准备计提以及公允会计准则强化金融体系顺周期的机理，并针对此引入了逆周期资本要求、杠杆率指标等逆周期的政策工具。彭建刚和钟海等（2010）进一步研究了巴塞尔新资本协议顺周期效应缓释机制的改进。王刚和李虹（2010）认为在监管实践中，监管者过分强调基于单个金融机构安全性的微观审慎监管，忽视了金融机构行为的系统性内涵及由此引发的系统性风险，从而导致了危机的爆发。在实践中，对宏观审慎监管的再度重视是对传统监管宗旨的回归与落实，同时强调了以资本要求为核心的监管工具是达成宏观目标的重要手段。

综上可见，金融产品创新由于其派生的复杂性、与生俱来的高风险性、参与主体多且逐利性强、在流通过程中的高杠杆交易等，使其在风险披露后也依然具有极强的不可控性，给金融体系乃至宏观经济造成重大影响。因此，一方面要充分借鉴国际经验，紧密结合我国国情，不断推进宏观审慎监管和微观审慎监管的有机结合，研究制定提高我国银行业监管有效性的中长期规划和 Basel Ⅱ、Basel Ⅲ同步实施计划，推进实施审慎监管新框架，防范系统性风险的发生，扩大金融创新的积极影响。另一方面要认真研究金融产品创新产生的宏观效应，探索金融创新对宏观经济发生作用的规律，提出解决消除负效应的办法或方案。

第三节　本书的研究内容

基于以上分析，本书在美国次贷危机背景下从以下几个方面研究金融创新及其宏观效应：

（1）首先对金融创新进行回顾，考察金融创新及其发展历史，分析金融创新及其与金融监管的关系。

（2）研究金融监管问题，着重研究美国金融监管改革的历史进程以及我国的金融监管改革问题，考察国际金融监管合作，对国际社会近年来的监管实践进行梳理，选取若干主要金融指标和宏观经济指标运用主成分分析法构建我国金融监管指数，通过实证分析金融监管的宏观效应。

（3）研究影子银行体系发展现状，分析影子银行体系自产生以来所产生的宏观效应，通过 Granger 因果检验对影子银行融资规模与融资总规模和人民币贷款间的相互联系及因果关系进行分析，运用 IS－LM 曲线分析影子银行体系货币供给和需求的变化对总产出和利率水平的影响，进而考察影子银行体系的监管问题。

（4）考察系统重要性金融机构在金融创新中所发挥的作用，基于庇古和科斯的外部性技术分析理论和治理政策，运用成本收益函数分析金融机构的正负外部性，阐述外部性对金融体系和实体经济产生的宏观效应，进而研究系统重要性金融机构的外部监管。

（5）鉴于宏观监管的重要作用，首先研究宏观审慎监管的政策及其工具，通过实证分析逆周期政策问题，然后考察中国宏观审慎监管政策的实施及其宏观效应。

（6）首先考察金融产品创新宏观效应的表现方式，然后通过金融创新度指标分析一国的金融创新水平，通过线性回归分析、协整检验和误差修正模型对中国金融创新程度和宏观经济变量之间的关系和相互影响情况进行分析，考察金融产品创新的宏观效应及其传导机制，并分析中国金融产品创新现状及其存在的问题。

第四节　本书的创新

本书的主要创新体现在以下几个方面：

（1）从基本层面考察金融创新的内涵、金融创新的发展历史和不同的金融创新模式等，站在金融业或金融环境的角度探讨了金融创新的主要内部和外部原因，进而分析了金融创新与金融监管之间的基本关系，认为充分有效监管基础上的金融创新是推动经济发展、提高金融体系效率和规避风险的重要动力。

（2）从历史的角度研究了美国和中国金融监管改革的历史进程，并且对 2008～2012 年国际金融监管大事件进行了梳理。运用主成分分析法构建了我国的金融监管指数，研究发现金融监管指数从 2009～2012 年始终处于上升阶段，金融监管的目标实现程度逐步增强，金融监管促进了宏观经济和金融体系的运行。从 2010 年开始金融监管对宏观经济的作用开始下降，监管效应主要体现在刺激金融领域的发展。从 2012 年开始，金融监管对微观经济的作用和宏观经济的作用都维持在比较稳定的水平。

（3）研究了系统重要性金融机构正负两方面外部性的作用机制和宏观效应，发现负外部性加大了整个金融体系的边际成本及政府和纳税人的负担，而且会快速传递到宏观经济体系。进一步结合庇古和科斯的外部性政策方法对系统重要性金融机构的监管问题进行了讨论，并将监管方法从“政府解”和“市场解”两个方面进行了分析，认为现有的业务管制和资本附加等监管方法可以在一定程度上使系统重要性金融机构的负外部性内在化，但是对于银行规模和税收方面的监管措施还需改进。

（4）在金融监管放松和金融创新背景下诞生的影子银行体系，在为市场参与者提供多种金融服务、平衡社会资金供求和推动整体金融市场发展的同时，因其高杠杆性和低透明度等特征，在其短期快速成长的同时，也积聚了大量的风险，并给整个金融市场和宏观经济带来极大的冲击和难以估量的损失，对社会融资方式和货币政策效果产生了新的挑战。本书运用 Granger 因果检验和向量误差修正模型研究了影子银行体系对社会融资规模、货币供需、物价和经济发展水平的影响，并针对我国影子银行的发展情况给出了监管建议。

（5）从金融创新与经济发展、货币供求、金融风险及福利效应四个方面研究了金融创新的宏观效应，研究表明，金融创新水平与经济增长之间存在相互影响的关系，金融创新会使广义货币供应量减少，广义货币供给的增加会促进金融机构的创新行为。研究还表明，中国金融发展速度快于经济发展，实体经济的交易和投资活动逐步通过金融资产实现，金融资产总值与国内生产总值相比对宏观经济的敏感程度较高。

（6）现行逆周期政策实施时间的确定受宏观经济形势和货币政策两方面因素的影响。宏观审慎监管的逆周期政策有助于消化金融市场产生的负面冲击，分散不同经济阶段的压力。宏观审慎政策工具中增加资本和提高流动性的要求在短期内会增加银行运营成本，降低金融体系效率，削弱本国银行的国际竞争力，同时抵消其他宏观政策对经济刺激的效果。长期严格审慎的监管标准会减小经济周期运转的幅度，从而使金融机构稳健运行。

第二章　金融创新及其发展回顾

20世纪80年代在金融自由化导向的直接指引下，金融领域在全球产生了一场以金融创新为主的“金融变革”。纵观整个金融史，金融创新提高了经济效率、分散了金融风险、增加了金融企业和实体企业的利润，是推动金融发展、社会进步的重要动力。金融体系由于其本身具有的紧耦合性和外部效应，在改善市场设计、提高市场效率的同时增加了市场的关联和复杂程度，引入了结构性风险，埋下了危机的种子（Bookstaber，2007）。金融创新自产生的那一刻起就是毁誉参半，是社会经济发展的“双刃剑”。本章着重考察金融创新的内涵及其发展历史，并基于此，研究金融监管与金融创新的关系，探讨其现实的必要性。

第一节　金融创新的发展及研究概述

一、金融创新内涵及分类

“创新”一词由美国经济学家熊彼特于20世纪初在《经济发展理论》一书中首次提出，他认为创新就是采用一组新产品组合或产品特性，运用一种新的方法，来开辟一个新的市场或创建新的产业。经济发展与合作组织（OECD，2005）在一份报告中从产品创新、过程创新、市场创新和组织创新四个方面系统地给出了“创新”的具体定义，报告指出产品创新是引入一种新的或能够显著改善其特征或预定用途的商品或服务；过程创新是实施新的或显著改善生产或交付方法；市场创新是实施一种新的营销方法、产品设计或包装、产品布局、产品推广或定价；组织创新是公司的业务实践，在工作场所或外部关系方面实施新的组织方法。对金融创新而言，国际清算银行（BIS）认为，金融创新是改变金融资产的风险、流动性、期限特征的过程。[①] Lerner 和 Tufano（2011）将金融创新定义为创造并推广普及新金融工具、金融技术、金融机构和金融市场的过程。我国学者较早对金融创新的定义是，通过对金融要素进行新组合来在金融领域内建立一个"新的生产函数"（陈岱孙、厉以宁，1991）。中国银监会在2006年发布的《商业银行金融创新指引》中将金融创新定义为，商业银行为适应经济发展的要求，通过引入新技术、采用新方法、开辟新市场、构建新组织，在战略决策、制度安排、机构设置、人员准备、管理模式、业务流程和金融产品等方面开展的各项新活动，最终体现为银行风险管理能力的不断提高，以及为客户提供服务产品和服务方式的创造与更新。人们还将金融创新的定义分为广义和狭义两个方面。广义金融创新是将金融业的每一个新的发展都视为金融创新的过程，它包括的范畴相当广泛，从具体的金融产品、服务的创新，到金融机构、市场的创新，再到整个金融制度及金融监管体系的创新都看作是金融创新的范畴。而狭义的金融创新主要是指在20世纪60年代以后，西方国家在放松金融管制以后在金融产品、金融业务、金融机构等方面的创新。

金融创新主要可以分为金融产品创新、金融机构创新和金融制度创新。金融产品创新主要是指金融机构为了获取利润或者规避风险而开发的各类新型金融产品，历史上金融产品创新的种类是很多的，如期货、期权、货币互换、利率互换、票据发行便利、资产或贷款的证券化、信用衍生工具等。金融机构创新则是随着金融业务的多样化产生的新的金融机构，包括已经破产的长期资本管理公司、证券投资基金、信托投资公司、担保公司、各种民间借贷公司等。而金融制度创新则是为了适应经济发展水平和金融市场及金融机构风险水平的变化而产生的一系列金融组织制度和金融监管制度的变化。金融组织制度创新又包括金融机构的内部控制制度、风险控制制度、人员管理机制等方面的创新。金融监管制度创新则是指一国的政府及金融监管机构为了适应金融产品、金融机构、金融创新和金融风险的需要对金融监管制度做出的变革。

---

① Basel Committee on Banking Supervision, *Recent Innovation in International Banking*, Bank for International Settlements, Basel, 1986.

二、金融创新的原因

引发金融创新的原因主要包括内部和外部两个大的方面，内部原因主要是指金融企业为了追求更高的利益或降低自身的风险进行创新，而外部原因主要是经济金融环境的变化给金融企业带来创新的动力，包括科学技术的进步和规避政府监管等。金融创新的产生大多数时候是由于外部环境发生了变化而引发了创新主体逐利和避险的需求，两方面的原因共同作用引发金融创新。下面从需求、供给和监管三个方面，分析金融创新的原因及基于各种原因产生的具体金融创新产品及服务。

1. 需求引发的金融创新

由需求引发的金融创新主要是指在利率、汇率市场的剧烈波动，金融市场的信息不对称等方面所导致的避险需求和宏观经济形势的变化导致的金融机构的逐利需求等因素的影响下所进行的金融创新。从 20 世纪 50 年代开始，利率的波动性开始逐渐增大。利率的大幅波动和不确定性引发了巨额的资本损失。另外，布雷顿森林体系在 1973 年结束标志着固定汇率制度的瓦解，伴随而来的就是汇率的大幅波动。利率和汇率波动幅度的上升引发了可以降低利率风险和汇率风险的服务和工具的产生，在 20 世纪 70 ~ 80 年代产生了利率期货、利率互换、货币互换等。基于规避金融市场的信息不对称引起损失的需求，1998 年国际互换和衍生品协会创立了信用违约互换衍生工具。引发美国次贷危机关键性的金融创新产品也是出于金融机构对流动性、信用及其利益的需求，如次级抵押贷款、资产证券化、担保债务权证等金融工具。证券化将流动性差的金融资产转化为流动性高的资本市场证券，金融机构也将金额小的一系列贷款捆绑起来，通过将捆绑贷款的组合分割成标准化合约，将本金和利息的索取权作为证券卖给第三方，增强了贷款的流动性，但同时也由于其复杂性和不透明性隐藏着巨大的潜在风险。由需求引发的金融创新还包括保险的产生、天气衍生工具和巨灾衍生工具等。

2. 供给引发的金融创新

由供给引发的金融创新主要指科学技术的发展推动的金融创新。一方面科技的发展降低了金融机构的业务成本；另一方面信息技术的发展使投资者获取信息的渠道增加，降低了信息不对称性，丰富了金融产品和服务。

计算机和网络的普及使网上银行也成为电子银行业务的重要组成部分。存款者可以通过计算机网络完成包括支付、转账在内的一系列业务，为存款者提供了便利，也降低了金融机构的成本。从 20 世纪 90 年代开始以高科技为基础的多种金融产品不断涌现，包括电子证券交易所、网上公开的 IPO 证券承销、电子保单等。同时，由于技术的发展致使信息获取的便利增加，使金融参与者可以更为方便地识别银行和企业的信用，企业和银行也增加了投融资渠道，商业票据就是基于这一变化发展起来的，从 20 世纪 70 年代开始，商业票据市场规模从 300 亿美元上升到 2013 年 4 月的 1.1 万亿美元，有了大幅度增长。

3. 监管引发的金融创新

20 世纪 70 年代，美国对法定存款准备金和存款利息支付的限制制约了银行的盈利能力，这两个方面的限制导致了金融机构两个重要的创新，包括货币市场共同基金和流动账户。由于货币市场共同基金会将存款投资于短期货币市场证券，并支付利息，相当于支付利息的支票账户存款，而且银行不必缴纳法定存款准备金，也不受利息支付的限制，是对存款的创新。流动账户也是规避监管的一种方式，流动账户通过在每日结束时将存款投资于隔夜证券，相当于支付利息的支票账户存款，减轻了金融机构的压力，增加了存款者的回报。此外，从 1988 年开始，巴塞尔协议中对银行资本的规定限制了银行获利的能力，所以银行开始了与资本无关的包括担保和承诺在内的表外业务的探索。

第二节　金融创新的历史发展

从金融发展史上看，从货币的产生、货币实物的演进、货币制度的改变到 12 世纪意大利商人开始经营货币、我国明清时期票号的产生，再到 17 世纪第一家股份制银行——英格兰银行的建立，标志着现代商业银行的产生，是金融产生的过程和源头，如果把历史上每一项金融发展过程都当作创新的话，从货币产生的那一刻起就意味着金融创新的开始。当代金融创新始于 20 世纪 50 年代末，最具有代表性的创新是离岸金融市场——欧洲货币市场的建立，欧洲货币市场促进了日本、西欧等国家在第二次世界大战以后的经济恢复和发展，同时加速了国际贸易的发展和国际间金融市场的联系，对世界经济产生了不可低估的影响。随后，在20世纪50年代末至60年代，金融工具的创新主要是欧洲货币、欧洲债务和平行贷款，提高了世界资本的流动性和效率。以上阶段的金融创新活动是金融创新的早期。平行贷款最初由英国的银行和跨国公司合作开发，是为了规避银行资本的管制和防范汇率风险，不同国家的公司以贷款形式向各自驻对方国家子公司提供等额的本国货币。1961年，美国花旗银行推出可流通转让的大额可转让定期存单。20世纪60年代末银团贷款，以辛迪加贷款形式出现在人们的视野中，此类贷款是由若干家银行基于共同条件向借款人提供巨额授信额度，一般用于支持政府大规模项目建设。

金融创新的快速发展开始于20世纪70年代，随着科技的发展和利率、汇率的波动及通货膨胀率的上升，金融市场中的金融机构和个体投资者面临的金融环境也发生了巨大的改变。加之金融业监管制度的变化使传统业务和工具的营利性开始下降，市场的供需结构也产生了变化。为了适应经济环境和监管体制的变化，金融机构开始开发和研制适应新环境和满足新需求的业务和产品。

20世纪70年代最重要的金融创新包括以下三个方面：一是特别提款权的创设。二是以货币市场共同基金、存款证等为代表的具有流动性且和市场收益率相结合的变相活期存款的创新。1972年，美国储蓄贷款协会创办可支付利息和背书转让的可转让支付命令账户。同年，美国商业银行首创了储蓄和投资相结合的货币市场存款账户和大额可转让定期存单等。三是金融期货、期权的出现。虽然商品期货交易已经有几百年的历史，从20世纪70年代开始为了顺应国际金融市场变化，包括外汇期货、利率期货等金融期货发展起来。1972年，芝加哥商品交易所推出了外汇期货来规避汇率风险。1973年，美国芝加哥期权交易所成立，并推出标准化股票期权合同。1975年，芝加哥商品交易所的国际货币市场推出了房屋抵押债券期货、美国政府公债期货和商业票据期货交易规避利率风险。1978年，伦敦证券交易所引入股票期权交易业务。70年代的期权市场主要是股票期权的场外交易。

20世纪80年代，国际储蓄和投资的纯流向在地理位置上发生了急剧性的变化，石油输出国对外可投资盈余大幅度削弱，主要不发达国家筹资途径大大减少，美国从债权国沦为债务国，西欧和日本则变成经常项目盈余国。国际资金净流量的地理格局变化导致了国际金融机构的改变和金融工具的发展，把金融创新推向了高潮。具有代表性的金融创新是票据发行便利、货币互换和利率互换、外汇期权与利率期权、远期利率协议。1982 年美国密苏里州堪萨斯农产品交易所首次推出股票指数期货，股票指数期货的推出增加了股票的交易量，促进了股票市场的活跃。同年，芝加哥商品交易所推出了标准普尔 500 种股票指数期货，美国纽约期货交易按照 1525 种综合股票指数开展期货业务。1984 年，芝加哥商品交易所按道·琼斯工业股票平均指数经营期货。1982 年伦敦国际金融期货交易所建立，目前在全球期货市场具有很大的规模和影响力。20 世纪 80 年代，金融期权进入发展阶段，世界主要交易所开始在股票期权的基础上引入外汇期权、银行票据期权和带息证券期权、股票指数期权等业务，金融期权逐步进入快速发展和成熟阶段。20 世纪 80 年代，互换市场逐步由平行贷款发展到货币互换，随后银行介入互换市场中，通过签订协议促进交易的达成，之后银行直接参与到货币互换交易中，与买卖双方分别签订协议。最后，银行通过制定标准化合同创造了互换市场。互换市场由 1982 年的 30 亿美元市场交易额快速增长，在 1985 年已经达到了 2000 亿美元，并且发展了二级互换市场。

进入 20 世纪 90 年代以后，虽然各国的通胀压力大为缓解，但是，随着国际金融市场一体化的不断发展，国家之间的经济联动性不断增强，在一国发生的经济动荡和危机会不可避免地波及其他国家，比如 1997 年爆发的亚洲金融危机。而且，国际间资本流动性加强，也为各个国家的金融市场带来了冲击，各国风险防范的重点不得不由利率风险转移到汇率风险和信用风险，为了防范这些风险，各个国家就需要不断开发新业务，创新金融工具。

随着金融市场的发展，金融改革也进行得如火如荼，而且此时商业银行和非银行金融机构之间的界限进一步打破，金融业的竞争不断加剧，也陆续国际化，电子计算机技术也进入了人类的生活，这些都不同程度地推动了更为复杂的金融产品的出现。这一时代金融创新的主要特点是各种创新并存，产品日趋复杂化。其中最为引人关注的就是信用衍生工具的问世，主要包括信用违约互换、总收益互换、信用利差互换和信用联系票据等。

进入 21 世纪以后，随着电脑和网络的普及，电子货币、网上银行、手机银行的产生极大地便利了人们的日常支付业务。此外，随着金融深化的进一步发展，国际金融市场结构发生了较大的变化，金融创新再度掀起了高潮，全球范围内的金融创新异常活跃，金融衍生产品层出不穷，尤其是信用衍生品出现超常规发展。这一时代也滋生了之后受投资者追捧的资产证券化产品，它的出现极大地刺激了金融市场的繁荣。而波及全球的美国次贷危机的祸根正是这些由次级贷款的不断证券化产生的产品。随着基金业的不断发展，以及资本贪婪的本性，对冲基金的目的也由最初的套期保值和规避风险转变成了投机。其间，以票据市场和回购市场为主的影子银行得到迅速发展，其不断创新的产品也极其复杂，超出了人们的风险识别范围。

表 2.1　20 世纪 70 年代主要的金融创新产品

创新时间	创新内容	创新目的	创新者
1970 年	浮动利率票据	转嫁利率风险	国际银行机构
	特别提款权	创造信用	国际货币基金组织
	联邦住宅抵押贷款	信用风险转嫁	美国
1971 年	证券交易商自动报价系统	新技术应用	美国
1972 年	外汇期货	转嫁汇率风险	美国
	可转让支付账户命令	突破管制	美国
	货币市场互助基金	突破管制	美国
1973 年	外汇远期	转嫁信用风险和利率风险	国际银行机构
1974 年	浮动利率债券	转嫁利率风险	美国
20 世纪 70 年代中期	与物价指数挂钩的公债	转嫁通胀风险	美国
1975 年	利率期货	转嫁利率风险	美国
	货币市场存款账户	突破管制	美国
1978 年	自动转账服务	突破管制	美国
20 世纪 70 年代末期	全球性资产负债管理	防范经营风险	国际银行机构

表 2.2　20 世纪 80 年代主要的金融创新产品

创新时间	创新内容	创新目的	创新者
1980 年	债务保证债券	防范信用风险	瑞士
	货币互换	防范汇率风险	美国

续表

创新时间	创新内容	创新目的	创新者
1981年	零息债券	转嫁利率风险	美国
	双重货币债券	防范汇率风险	国际银行机构
	利率互换	防范利率风险	美国
	票据发行便利	创造信用	美国
1982年	期权交易	防范市场风险	美国
	期指期权	防范市场风险	美国
	可调利率优先股	防范市场风险	美国
1983年	动产抵押债券	防范信用风险	美国
1984年	远期利率协议	转嫁利率风险	美国
	欧洲美元期货期权	转嫁利率风险	美国
1985年	汽车贷款证券化	创造新资金来源	美国
	可变期限债券	创造信用	美国
	保证无损债券	减少风险	美国
1986年	参与抵押债券	分散风险	美国

表 2.3　20 世纪 90 年代的主要金融创新产品

创新时间	创新内容	创新目的	创新者
1991年	保证回报率投资	盈利	瑞士银行
1993年	股权连结证券	盈利	美国
	自动可转换股权股份	盈利	美国
	信用衍生交易	创造信用	瑞士银行
1995年	复合赎回累积优先股	盈利	美国
1996年	用证券化为企业并购融资	避险	英国
1997年	抵押担保证券	避险	荷兰
1998年	信用违约互换	转移风险	国际互换和衍生品协会
1999年	欧元期货合同	避险	芝加哥商业交易所
	欧元期权合同	避险	费城股票交易所

第三节　金融创新及其与金融监管的关系

金融监管是金融监督和金融管理的总称，指的是金融监管部门对金融交易主体行为进行的限制或规定，包括对市场准入、业务范围及各项指标合规性等方面的规定。金融监管的目的是维护金融市场的稳定和金融活动秩序，确保国家经济安全。金融创新与金融监管有着本质的联系，随着经济的发展和金融环境的变化，金融机构对于利润的追逐往往会通过金融创新这一方式来规避监管，而金融创新又会打破金融体系原有的均衡状态。如果监管不力，金融创新就会诱发失衡，产生金融危机。在对金融创新充分监管的基础上，金融创新是推动经济发展、提高金融体系效率和规避风险的重要动力。政府和监管部门要做的是充分认识到创新活动对整个宏观经济可能产生的影响，以及产生这种影响的原因。在日常的经营过程中通过一系列监管措施杜绝创新活动带来的负面影响和风险隐患，同时当问题暴露危机发生时，认真分析问题产生的原因和根源，以及时根治。

一、金融监管的现实必要性

首先，金融企业是特殊的高负债企业，它的经营对象大部分是通过吸收存款的形式借来的货币，所以金融企业的经营行为带来的风险和对社会的影响要远远高于其他行业。其次，金融企业存在巨大的外部性，一旦金融企业经营失败陷入危机，对整个行业产生的传染性和对宏观经济的影响相比其他行业要大得多，金融危机往往伴随的是经济危机，所以中国原则上是不希望金融机构倒闭的。对某些中小银行的危机处置办法就是收购与兼并，而对于大型金融机构来说，只有通过资金注入与政府救助来帮助其度过危机，危机成本是相当巨大的。最后，就是由于金融创新的存在，出于逐利目的的金融创新往往伴随着较高的风险，创新产品的复杂程度和潜在风险有时是难以预料的，所以金融监管很多时候都紧随金融创新的脚步，金融监管的发展过程就是不断地针对金融创新来减小金融体系风险的过程。

二、金融创新与金融监管的辩证关系

金融监管是引发金融创新的重要原因之一，主要代表就是欧洲货币市场、货币市场共同基金的产生和商业银行表外业务的开展。金融监管在引发金融创新的同时又阻碍了金融创新和金融深化的发展，比如一国对利率、汇率的限制等。同时金融创新的脚步往往领先于金融监管的改革，监管当局往往都是在创新出现问题以后才开始重新审视监管的不足。再者，金融创新的复杂性又加大了监管的难度，降低了监管的有效性。一些从事流动性转换和期限转换的金融产品混乱了货币的定义，从而加大了货币政策的执行难度和效果。金融监管当局在规范金融创新方面具有很大的作用，监管当局可以控制金融创新的规模和种类，防止金融创新发展过速或过度泡沫化，通过限制金融机构的流动性提供和业务范围使金融创新符合金融市场的接受度、监管当局的监管能力和经济的发展。金融创新也促进了国际间的监管合作，由于金融全球化导致国际间资本流动加大，单纯依靠某一国的监管制度很难保证国际金融稳定，巴塞尔委员会特别关注全球银行监管标准统一化，其所制定的巴塞尔协议Ⅲ是全球银行业的准则与规范。

第四节　小　结

本章主要从基本层面，考察了金融创新的内涵、金融创新的发展历史和不同的金融创新模式等，站在金融业或金融环境的角度探讨了金融创新的主要内部和外部原因，进而分析了金融创新与金融监管之间的根本联系，在充分有效监管的基础上，金融创新是推动经济发展、提高金融体系效率和规避风险的重要动力。

第三章　金融监管改革及其宏观效应

美国历史上金融监管经历了从自由到严格再到自由的过程，从 1929 年的美国经济危机到 20 世纪 80 年代的存款与借贷危机和 2007 年的次贷危机，纵观历史上的每一次金融监管制度的改革，都是在危机发生之后对监管制度的重新调整。次贷危机的爆发以及迅速波及实体经济并转化为全球性金融危机，证明了美国的金融监管制度的缺陷和对危机抵御能力的缺失，危机之后美国开始了对金融监管制度的新一轮改革。2009 年 6 月 17 日，美国政府公布的金融监管改革白皮书《金融监管改革——新基础：重建金融监管》标志着新一轮监管改革的开始。2010 年 6 月 25 日，美国政府的《多德—弗兰克法案》在监管机构权力、设立消费者金融保护局和对投机性交易的限制三方面做了新的规定，该方案被称为自 20 世纪 30 年代大萧条以来金融监管方面全面彻底的改革。每一次金融监管改革都有着特定的历史背景和经济环境，而不同的金融监管体系和制度对金融领域和整个宏观经济产生的效应也是不尽相同的，准确分析金融监管的效应对于研究金融监管的目标实现程度和在各目标实现方面的缺失具有十分重要的意义。本章着重考察金融监管的改革发展进程，分析金融监管的国际合作及巴塞尔委员会的贡献，研究美国次贷危机以来金融监管对我国经济的影响。

第一节　金融监管概述

金融监管是指一个国家或地区的中央银行或其他金融监管当局，依据国家法律法规，对金融业实施监督与管理。金融监管可分为狭义金融监管和广义金融监管。狭义金融监管指中央银行或其他金融监管机构的监管，广义的金融监管在狭义监管内容之上又加入了金融同业组织的监管和金融机构的内部控制等。美国次贷危机对全球经济造成了巨大冲击，此次危机在让人们重新认识金融创新的同时，也开始引发对各国的金融监管体系的重新审视。金融监管能否真正监督与管理金融体系、防范金融风险，关系到一国的经济发展水平、可持续性和稳定性。

一、金融监管原则

有效的银行监管核心原则是银行体系健全审慎监管的最低标准，自1997年第一次发布以来就被用作评估银行监管质量的基准。在2006年第二次修订，危机后2010年G20领导人报告中提出重新修订以从世界范围内加强银行监管实践。巴塞尔委员会认为实施银行监管核心原则对提高国内和国际金融的稳定是关键的一步，为有效监管系统的进一步发展奠定了良好基础。修订后的29条核心原则主要分为两类，第一类主要是权利、责任和监管者的作用，第二类关注审慎监管和要求。原有的原则被分成了三个独立的原则，加入了与公司治理、信息披露和透明度有关的第25~29条新原则。

二、金融监管目标

不同的金融监管体制下对应的监管目标是不同的。20世纪30年代以前美国的银行体制存在缺陷，国民银行无法履行最后贷款人的职责，所以导致了银行倒闭和金融危机频发，美国联邦政府在1913年的《联邦储备法》中将金融监管目标确定为防止银行倒闭，维护金融业安全与稳定。在20世纪30年代的大萧条以后，美国联邦政府更加强化了金融安全的重要性，罗斯福政府于1933年颁布的《银行法》中严格限制了金融机构的经营范围与方式，进一步确保金融体系的安全与稳定。但是从60年代末以来，随着金融创新的迅速发展和之前监管模式对安全的过度追求，联邦政府也将金融监管的目标从安全转向了促进竞争，强化金融体系效率。但好景不长，美国放松监管体制下在80年代使金融系统产生了新一轮的危机，监管目标转向了安全与效率兼顾，以巴塞尔资本协议和1999年的《金融服务现代化法案》为基础，美国金融监管方式开始了审慎监管，以达到安全与效率的兼顾。进入21世纪，在金融危机爆发之前，美国联邦政府于2006年出台了《金融服务管制放松法》，金融监管的目标又回到了鼓励金融竞争和创新、效率优先的状态，此次监管目标的变化间接导致了此次金融危机。

在此次金融危机之后，美国联邦政府开始重新审视其金融监管制度的弊端，并且开始将消费者权益保护作为金融监管的主要目标。2009年6月公布了金融监管改革白皮书《金融监管改革——新基础：重建金融监管》，系统地提出了美国金融监管体系改革方案，提出了五个关键目标：一是推动对金融机构的强有力的监管，二是建立对金融市场的全面监管体系，三是保护消费者和投资者不受损失，四是为政府提供管理金融危机的工具，五是提高国际监管标准加强国际合作。[①] 在《多德—弗兰克法案》中，将法案的目标表述为通过提高金融体系的问责性和透明度来促进美国金融稳定，结束“太大而不能倒”的局面，通过结束紧急财政援助保护美国纳税人利益，保护消费者不被金融服务滥用等。[②]

第二节　美国金融监管改革的历史进程

一、金融监管的自由时期

银行最早产生于15世纪意大利的威尼斯，1694年，英格兰银行的成立标志着现代股份制银行的产生。18世纪初英国颁布的《泡沫法》从监管方面防止证券业过度投机。1782年，美国第一家银行——北美银行成立。1864年，美国的《国民银行法》对银行业务活动进行了规定，确保联邦政府对银行的监管地位，是世界范围内最早以法律形式确定的金融监管制度。1913年的《联邦储备法》取得革命性进展。总体来说，在20世纪30年代

① US Treasury Department, *Financial Regulatory Reform*: *A New Foundation*. US Treasury, Washington DC, June, 2009.

② *Dodd-Frank Wall Street Reform and Consumer Protection Act*: A Failed Vision for Increasing Consumer Protection and Heightening Corporate Responsibility in International Financial Transactions; Chaffee, Eric C. 2009.

之前，主张经济可以通过市场这只“看不见的手”达到均衡状态的古典经济学是美国开展经济活动的理论基础，金融系统主要依靠市场自发调节，强调自律。金融机构可以自行经营，金融监管很少干预金融机构的日常经营，也不对利率、价格的因素进行控制。仅有的在市场准入、业务范围方面的限制也都是类似于公司法当中的规定。随着各国中央银行制度的建立，中央银行开始发行货币、担当最后贷款人，但也不是真正意义上的监管机构。但是这种自由监管制度在1929年美国经济危机之后成为了众矢之的，美国的金融监管政策也开始了改革。

二、金融监管的管制时期

在1929年美国经济危机爆发后，主张政府对市场进行宏观调控的凯恩斯主义经济学开始成为这一时期的指导思想，美国政府也开始转变对金融业的监管思路。在1933年的罗斯福新政中开始了对金融体系的全面管制。1933年《格拉斯—斯蒂格尔法案》中禁止银行的业务交叉，建立联邦存款保险公司，禁止商业银行对大额存款支付利息，规定了银行定期存款的利率上限。该法案对中央银行的职能进行了明确规定，完善和加强了美联储对银行业的监管。1935年《银行法》对银行的建立、经营范围、持有资产类型、产品价格和安全性保障方面都进行了严格管制，结束了金融业的自由和市场化。在此期间也创立了联邦住房贷款银行委员会和联邦储蓄贷款保险公司，来刺激经济发展和保护存款者利益。20世纪30~70年代是美国对金融体系实施全面监管的阶段，在全面监管机制下，美国迅速消除了经济危机的影响，重新组织生产，经济开始稳步增长。但是从20世纪70年代初开始，美国社会出现了严重的通货膨胀和财政赤字，经济也开始止步不前，出现了滞胀危机，美国的金融监管制度又面临着新一轮的改革。

三、金融监管的放松时期

在20世纪70年代的政府失灵和滞胀背景下，新经济自由主义主张自由经济政策，认为金融监管严重影响了金融机构和金融体系的效率，并主张放松监管。美国政府也开始取消一些管制措施，1970年，美联储对10万美元以上的大额存款取消存款利率的限制，此后又相继取消了贷款和批发业务的利率限制、金融机构跨行业经营的限制等。80 年代以后随着经济全球化、自由化、金融一体化，各国的金融监管体制也发生了重大变革，由分业监管变成混业监管。1999 年 11 月 4 日，美国的《金融服务现代化法案》使美国金融混业经营和跨地区经营合法化。此次美国金融危机被普遍认为是有效金融监管的缺失所造成的，美国的金融监管制度开始了新一轮的改革。

四、重塑监管时期

随着世界经济和技术的发展，金融领域呈现出金融创新产品的复杂化、金融市场参与者的多样化、全球经济一体化等特征，美国次贷危机爆发之前，美国金融监管制度的漏洞也早已显现，危机的爆发使美国政府开始了对金融监管制度的改革。2008 年 3 月 29 日，美国前财政部部长保尔森公布了《现代金融监管结构蓝图》，确立了美国此次金融监管改革的短期、中期和长期目标，并提出设立包括市场稳定监管机构、审慎金融监管机构和商业行为监管机构在内的金融监管框架。蓝图将金融监管的目标定义为保证金融市场的整体稳定，控制系统性风险。2009 年 3 月 26 日，美国财政部公布了《金融监管改革框架》，要求成立一个对金融体系系统性风险整体负责的监管机构，并引入了系统重要性金融机构的概念，同时对金融衍生品业务的监管也进行了重新规定。并针对目标提出了包括成立金融稳定监管委员会、对金融机构的更高的资本要求和其他审慎监管要求、对证券化和场外衍生品市场加强监管等在内的具体措施。在 2010 年 7 月 21 日，美国总统奥巴马签署了《多德—弗兰克法案》，这是华尔街历史上最意义深远的一次改革，也是继《格拉斯—斯蒂格尔法案》之后最全面的金融改革，旨在规范金融市场和降低危机的可能性。

总结上述金融监管改革过程，可以看出，从古典经济学理论到凯恩斯主义理论再到新自由主义思想，不同的经济背景下的经济理论是金融监管改革的理论基础。而每一次的监管改革都是以重大的经济金融事件的爆发为基础来调整金融监管体制。每一次改革都是对现行金融监管体制的反思与调整，都是围绕安全与效率这两个标准进行的改革。

第三节　中国金融监管改革历史发展

一、早期阶段（1978 年以前）

中国人民银行于 1948 年 12 月 1 日在河北省石家庄市成立，1949 年 9 月通过的《中华人民共和国中央人民政府组织法》赋予中国人民银行国家银行的职能，承担发行国家货币、经理国家金库、管理国家金融、稳定金融市场、支持经济恢复和国家重建的任务。从 1953 年开始建立了集中统一的综合信贷计划管理体制后，中国人民银行担负着组织和调节货币流通的职能，统一经营各项信贷业务，在国家计划实施中具有综合反映和货币监督的功能。1954 年，中国人民建设银行成立，负责管理和分配根据国家经济计划拨给建设项目和基础建设相关项目资金。1955 年 3 月，中国农业银行成立，办理国家对农业的投资和长期放款。在计划经济理论指导下，几家银行几经撤销与分立，在这样的经济结构与背景下，形成了以中国人民银行为主体的集中管理体制。

二、过渡阶段（1978 ~ 1992 年）

从 1978 年底开始实行的改革开放政策拉开了中国金融业的改革序幕。从 1984 年 1 月 1 日起，中国人民银行开始专门行使中央银行的职能，实施全国金融的宏观决策，控制信贷总量和调节金融机构资金，成立中国工商银行后，中国人民银行不再办理针对企业和个人的信贷业务，成为专门从事金融管理、制定和实施货币政策的政府机构。在这一阶段，中央银行制度框架基本确立，主要国有商业银行基本成形，资本市场上股票开始发行，保险业开始恢复，适应新时期改革开放要求的金融体系初显雏形。国务院和中国人民银行也颁布了《中华人民共和国银行管理暂行条例》、《城市信用合作社管理暂行规定》等一系列行政性规章制度，中国人民银行也作为独立的监管机构开始发挥作用。

三、发展阶段（1993～2003 年）

1992 年中共十四大提出建设社会主义市场经济体制，为中国金融体制改革奠定了基础。1993 年，按照国务院《关于金融体制改革的决定》，中国人民银行进一步强化金融调控、金融监管和金融服务职责，划转政策性业务和商业银行业务。1995 年，全国人民代表大会通过的《中国人民银行法》、《票据法》、《保险法》、《担保法》，标志着金融监管进入一个新的法制化、规范化时期。1998 年 11 月，中国保险监督管理委员会的成立，完善了我国保险监管机制和分业管理的体制。1992 年 10 月，中国证券监督管理委员会成立，对全国证券期货市场实行集中统一监管，1999 年 7 月，《证券法》正式实施。2003 年 3 月，中国银行业监督管理委员会负责监督管理银行、金融资产管理公司、信托投资公司及其他存款类金融机构，维护银行业的合法、稳健运行。在这一阶段，证监会、保监会、银监会分业监管体系初步形成，中国人民银行负责金融体系的整体监管，中国金融监管“一行三会”的格局形成。

四、完善阶段（2004 年至今）

2004 年以来，中国金融业分业监管体制开始了进一步的完善历程，此阶段金融法律体系进一步完善，加强了对金融创新和跨金融领域的监管，金融监管机构之间也加强了协调配合，全球金融危机之后，我国的金融监管体系开始了新一轮的改革和借鉴，确定了构建逆周期的金融宏观审慎管理制度框架，强化中央银行的系统性风险管理职能，加强对系统重要性金融机构的监管，建立存款保险制度和加强金融消费者保护的改革方向。

1. 银行业监管

中国人民银行和银监会积极发挥在金融稳定理事会（FSB）、巴塞尔银行监管委员会（BCBS）中的作用，深度参与相关标准和准则的制定。研究制定宏观审慎管理框架，丰富宏观审慎管理工具和手段，运用差别准备金动态调整机制，引导商业银行合理把握信贷投放节奏和总量；探索在最低资本充足率的基础上计提逆周期资本缓冲；指导商业银行有针对性地开展压力测试，提升系统性金融风险防范能力。

构建中国版新巴塞尔协议。2011 年 5 月 3 日，银监会发布了《关于中国银行业实施新监管标准的指导意见》（银监发［2011］44 号），明确了实施路线图。基于我国银行业改革发展实际，坚持行之有效的监管实践，借鉴第三版《巴塞尔协议》，提升我国银行业稳健标准，构建一整套维护银行体系长期稳健运行的审慎监管制度安排。统筹考虑我国经济周期及金融市场发展变化趋势，科学设计资本充足率、杠杆率、流动性、贷款损失准备等监管标准并合理确定监管要求，体现逆周期宏观审慎监管要求，充分反映银行业金融机构面临的单体风险和系统性风险。改进资本充足率计算方法，提高监管资本的损失吸收能力，优化风险加权资产计算方法，扩大资本覆盖的风险范围。

提高资本充足率监管要求。将现行的两个最低资本充足率要求（一级资本和总资本占风险资产的比例分别不低于 4% 和 8%）调整为三个层次的资本充足率要求：一是明确三个最低资本充足率要求，即核心一级资本充足率、一级资本充足率和资本充足率分别不低于 5%、6% 和 8%；二是引入逆周期资本监管框架，包括 2.5% 的留存超额资本和 0～2.5% 的逆周期超额资本；三是增加系统重要性银行的附加资本要求，暂定为 1%。新标准实施后，正常条件下系统重要性银行和非系统重要性银行的资本充足率分别不低于 11.5% 和 10.5%；若出现系统性的信贷过快增长，商业银行需计提逆周期超额资本。

建立多维度的流动性风险监管标准和监测指标体系。建立流动性覆盖率、净稳定融资比例、流动性比例、存贷比以及核心负债依存度、流动性缺口率、客户存款集中度以及同业负债集中度等多个流动性风险监管和监测指标，其中流动性覆盖率、净稳定融资比例均不得低于 100%。同时，推动银行业金融机构建立多情景、多方法、多币种和多时间跨度的流动性风险内部监控指标体系。

建立贷款拨备率和拨备覆盖率监管标准。贷款拨备率（贷款损失准备占贷款的比例）不低于 2.5%，拨备覆盖率（贷款损失准备占不良贷款的比例）不低于 150%，原则上按两者孰高的方法确定银行业金融机构贷款损失准备监管要求。

建立动态调整贷款损失准备制度。监管部门将根据经济发展不同阶段、银行业金融机构贷款质量差异和盈利状况的不同，对贷款损失准备监管要求进行动态化和差异化调整：经济上行期适度提高贷款损失准备要求，经济下行期则根据贷款核销情况适度调低；根据单家银行业金融机构的贷款质量和盈利能力，适度调整贷款损失准备要求。

建立杠杆率监管标准。商业银行杠杆化程度的不断扩大，表明单靠风险加权的资本充足率监管尚难以有效控制银行的杠杆化程度。尤其一些商业银行利用复杂的经济资本模型套利，变相降低了银行的资本充足水平，削弱了银行的风险抵御能力，加剧了金融体系的脆弱性。银监会于 2011 年 6 月 1 日发布了《商业银行杠杆率管理办法》（银监发［2011］3 号），规定杠杆率是指商业银行持有的、符合有关规定的一级资本与商业银行调整后的表内外资产余额的比率；商业银行并表和未并表的杠杆率均不得低于 4%；银监会对商业银行的杠杆率及其管理状况实施监督检查，对银行业的整体杠杆率情况进行持续监测，加强对银行业系统性风险的分析与防范。该办法还对杠杆率的披露作出了规定，商业银行杠杆率信息披露应当至少包括杠杆率水平、一级资本、一级资本扣减项、调整后的表内资产余额、调整后的表外项目余额和调整后的表内外资产余额等内容。

杠杆率 =（核心资本 − 核心资本扣减项）÷（表内外资产暴露 − 核心资本扣减项）×100%

表内外风险暴露 = 表内资产风险暴露 + 表外项目暴露 + 衍生产品风险暴露

衍生产品风险暴露按沉期风险暴露法计算，纳入表内资产，具体计算公式如下：

沉期风险暴露 = 以公允价值计算的重置成本 + 名义本金 × 固定系数

引导商业银行加强杠杆率管理，一方面有利于防止金融机构资产负债表的过度扩张和过度承担风险，控制银行体系杠杆化水平的非理性增长和系统性风险的不断累积；另一方面有利于弥补银行内部风险管理模型可能存在的缺陷，防止商业银行资本套利行为，确保整个金融体系维持一定水平的合格资本。《办法》（银监发［2011］3 号）的实施虽然在短期内会给少数银行业金融机构带来一定的资本补充压力，但由于其设定了相应的过渡期，其影响总体上是有限的。通过实施《办法》（银监发［2011］3 号），有利于督促没有达到监管要求的银行业金融机构降低杠杆化程度，提高稳健经营水平，并控制银行体系的杠杆化程度和系统性风险。

强化贷款损失准备监管。银监会于 2011 年 7 月 27 日颁布了《商业银行贷款损失准备管理办法》（银监发［2011］4号），明确自2012年起对商业银行的贷款拨备率和拨备覆盖率进行综合考核，其中前者以2.5%为基本标准，后者以150%为基本标准，两者中的较高者为商业银行贷款损失准备的监管标准。同时，银行业监管机构还将依据经济周期、宏观经济政策、产业政策、商业银行整体贷款分类偏离度、贷款损失变化趋势等因素对商业银行贷款损失准备监管标准进行动态调整，也可依据业务特点、贷款质量、信用风险管理水平、贷款分类偏离度、呆账核销等因素对单家商业银行应达到的贷款损失准备监管标准进行差异化调整。

中国银行业截至2011年第二季度末，上市银行的平均拨备覆盖率为246%，远高于150%的警戒线；平均贷款拨备率为2.44%，接近2.5%的监管要求。《办法》（银监发［2011］4号）实施后，截至2012年第一季度末，上市银行的平均拨备覆盖率达到276%，比2011年第二季度末提高30.32个百分点；平均贷款拨备率为2.59%，比2011年第二季度末提高0.14个百分点，达到监管标准，上市银行的总体风险抵补能力进一步提高。

加强资本监管。2012年6月7日银监会发布了《商业银行资本管理办法》（银监发［2012］1号），将指导意见中的要求具体细化落实。该办法中银监会整合了《商业银行资本充足率资本管理办法》（银监发［2004］2号）和11个新资本协议实施监管指引，并对商业银行的资本监管指标体系进行了调整。在《商业银行资本充足率资本管理办法》（银监发［2004］2号）中，商业银行的资本监管只依照资本充足率单一指标，对资本充足率实行不低于8%，核心资本充足率不低于4%的规定。而《办法》（银监发［2012］1号）中建立了多指标、多层次的监管体系，提出并表资本充足率和非并表资本充足率的概念，规定了并表计算的范围，除财务并表定义的范围，并表计算还包括虽未拥有被投资金融机构多数表决权或控制权，但是总体风险足以对银行集团的财务状况及风险水平造成重大影响，以及被投资金融机构合规风险、声誉风险造成的危害和损失足以对声誉造成重大影响的机构。关于资本充足率部分，《办法》（银监发［2012］1号）提出了四个层次的资本充足率监管要求，覆盖了商业银行个体风险和系统性风险。其中核心一级资本充足率、一级资本充足率和资本充足率要求分别为5%、6%和8%；储备资本要求为风险加权资产的2.5%，由核心一级资本来满足，逆周期资本要求为风险加权资产的0～2.5%，由核心一级资本来满足；国内系统重要性银行附加资本要求为风险加权资产的1%，由核心一级资本满足，全球系统重要性银行不得低于巴塞尔委员会的统一规定；在第二支柱框架下，针对部分资产组合提出特定资本要求。其中逆周期和系统重要性银行的资本充足率要求体现了宏观审慎性监管的考量。关于资本部分，《办法》（银监发［2012］1号）重新定义了资本，对资本质量提出了更高要求，将资本分成核心一级资本、其他一级资本和二级资本。关于风险覆盖部分，《办法》（银监发［2012］1号）扩大了风险覆盖范围，增加了对压力VaR、新增风险、特定风险、再证券化的资本要求。针对信用风险，《办法》（银监发［2012］1号）提出了两套方法：权重法和内部评级法，其中权重法相当于巴塞尔协议Ⅱ的标准法，标准法针对风险敞口类别与外部信用评级设置了不同档次的风险权重，未评级风险敞口的风险权重统一设置为100%。与巴塞尔协议Ⅱ的标准法相比，权重法对一些资产的风险权重做了调整，以反映中国的实际情况，例如，个人住房按揭贷款为50%，微型和小型企业、个人其他债务为75%，而在巴塞尔协议Ⅱ标准法中均为100%。为了缓解资本不足的问题，《办法》（银监发［2012］1号）规定高于150%拨备覆盖率的超额拨备可以全额计入二级资本。针对国内资本市场融资困难较大的实际情况，《办法》（银监发［2012］1号）对已发行的不合格资本工具，如次级债，给予了10年过渡期，允许在2022年前逐步退出，缓解了银行资本补充压力。

同时，《办法》（银监发［2012］1号）对风险权重体系进行了调整，并且对资本方面提出了更高的要求，并且以此来促进国内银行转型发展。提高了部分业务的资本要求，对同业业务设置了较高的权重，促使银行更多地依赖比较稳定的存款，通过赋予更高的相关系数防止风险在银行业内部积累。同时下调了零售类、微小企业贷款的风险权重，以优化银行业资本结构。

2. 改进完善流动性风险管理办法

近年来，银监会广泛调研、深入分析新形势下我国银行业流动性风险管理存在的问题，借鉴巴塞尔协议Ⅲ流动性标准，对现行流动性风险监管制度进行梳理、补充、修改和完善，从2011年开始着手制定商业银行流动性管理办法，并于同年10月向社会公开征求了意见。同时，银监会密切跟踪国际金融监管改革最新进展情况，在2013年1月巴塞尔委员会公布新的流动性覆盖率标准后，及时对该法进行了修订，于2013年10月再次向社会公开征求了意见，并根据反馈意见进行完善。该法力求建立一个更全面的流动性风险管理框架，在进一步完善现金流管理等重点环节的同时，充实多元化和稳定的负债和融资管理、日间流动性风险管理、优质流动性资产储备管理、并表和重要币种流动性风险管理等多项内容，提高了压力测试、应急计划等监管要求的针对性和可操作性，以更好地引导银行提高流动性风险管理的精细化程度和专业化水平。2013 年 10 月 13 日公布了《商业银行流动性风险管理办法（征求意见稿）》，对我国银行的监管标准也进行了全面规范，2014 年正式出台《商业银行流动性风险管理办法（试行）》（银监发[2014］2 号）。

长期以来由于国内经济增长对银行信贷供给的依赖性较强，为支持实体经济，银行的信贷规模必须保持一定的增长速度。所以在新资本监管要求下，商业银行不免会面临较大的资本补充需求。流动性新监管标准将推动中国商业银行增加优质流动性资产储备水平，增加长期稳定资金来源，有助于提高中国银行业流动性风险管理水平和增强银行业抵御经济金融环境变化的能力。对贷款损失准备的要求和杠杆率的要求会抑制银行信贷盲目扩张的规模，会使商业银行逐步从规模扩张的发展模式转变成可持续的内涵增长模式，更有利于金融服务实体经济和金融体系的安全稳定。

2013 年 10 月，在巴塞尔委员会发布的《中国资本监管规则与国际资本监管规则一致性的评估报告》中，对中国银行业监管制度进行了积极正面的评价。总体评估结论为“符合”，在资本监管框架的 14 个组成部分中，12 项被评为“符合”，2 项被评为“大体符合”。

3. 商业银行的贷款管理方面

2009 年 7 月 ~2010 年 2 月，中国银监会先后发布了《固定资产贷款管理暂行办法》（银监发［2009］2 号）、《项目融资业务指引》（银监发［2009］71 号）、《流动资金贷款管理暂行办法》（银监发［2010］1 号）和《个人贷款管理暂行办法》（银监发［2010］2 号），对各类贷款管理办法的构建完善了我国银行业金融机构的贷款业务法规和框架，建立全流程的精细化信贷管理模式，为贷款资金服务实体经济提供了制度保障。

4. 完善金融消费者保护监管制度

2011 年银监会出台了《商业银行理财产品销售管理办法》（银监发［2011］5 号）、《关于进一步加强商业银行理财业务风险管理有关问题的通知》（银监发［2011］91 号）、《商业银行信用卡业务监督管理办法》（银监发［2011］2 号），2012 年银监会发布《关于完善银行业金融机构客户投诉处理机制切实做好金融消费者保护工作的通知》，2013 年银监会发布《银行业消费者权益保护工作指引的通知》（银监发［2013］38 号），2014 年中国保监会、中国银监会发布《关于进一步规范商业银行代理保险业务销售行为的通知》（保监发［2014］3 号）。以上管理办法和规章制度都从保护投资者和消费者合法权益角度出发，通过对商业银行理财产品、信用卡业务、保险业务等行为的规范，充分保护投资者合法权益。

五、中国金融监管现状和存在的问题

1. 金融监管系统性协作机制不足

中国目前的分业监管体制在很大程度上造成了不同领域、行业的监管当局，只专注于对自身分管领域单个或系统内部金融机构的风险管理，并且由于彼此之间协调配合机制的欠缺，会存在监管真空地带和监管套利行为。但是由于整个金融体系之间相互关联程度不断加强，仅仅对单一领域的分业监管在一定程度上造成了整个金融体系的不稳定。随着中国金融业的发展和金融创新的不断涌现，各领域间的合作和关联关系会不断加深，造成系统性风险的扩大与蔓延。

2. 金融监管的法律法规体系存在空白与滞后

中国的金融法律法规体系虽已初步建立，但是，一方面伴随金融发展进程不断加快和金融创新机构和业务的出现，许多领域的法律法规体系依然存在空白。在私募股权基金、产业基金、期货、期权、影子银行体系、互联网金融方面的相应法律法规还没有制定出来。同时中国现有的法律制度无法很好地解决金融控股公司的监管问题，对金融企业的混业经营缺乏足够的细致规定，会造成金融行业跨市场风险的存在。另一方面在现有的金融法律法规中，一部分早期制定的法律法规主要以传统的金融业务规范为主，不能充分满足目前形势的需要，许多金融市场的新发展和新问题缺乏法律制度的跟进。

3. 对消费者权益保护不足

由于金融产品具有复杂和高风险的特征，消费者在资金实力、专业知识以及对风险的辨识上，均处于十分弱势的地位，很难与金融机构形成对等关系。金融机构与消费者在交易过程中这种地位悬殊的不对等，往往造成信息的不对称，从而有可能损害消费者权益。因此，从维护市场交易公平出发，有必要对金融消费者进行有效的保护。一方面，在中国目前施行的法律法规中，许多法律如《商业银行法》、《证券法》、《保险法》、《消费者权益保护法》、《合同法》、《证券投资基金法》等虽都将消费者权益保护作为立法目的，但并没有在实践中得到充分体现。另一方面，应确立监管机构在保护金融消费者方面的法律地位，将对金融消费者的保护作为维护公众信心、防范金融风险、维护金融稳定的重要基石。同时金融消费者利益保护法律的制定可进一步完善金融机构的市场退出制度。

六、中国金融监管体系的改革与发展

1. 完善金融监管法律体系，弥补立法空白

通过完善金融消费者法律保护制度和存款保险制度，建立金融机构的市场退出机制。出台对私募股权基金、风险投资基金、互联网金融等的法律规范，完善对影子银行体系和系统重要性金融机构的监管制度。

2. 加强宏观审慎监管框架，加强对系统性金融风险的监管

监管当局要针对金融业经营模式的变化、金融行业关联性等特点，将金融体系作为一个整体来运用宏观审慎监管的方法控制金融体系的系统性风险。

3. 完善对金融衍生品的监管体系

随着中国金融衍生品创新步伐的不断加快、交易品种的不断增加和国际金融环境的日趋复杂，金融监管机构应对金融衍生品的种类、交易制度及交易各方的权利和义务加以监管和规定，加速金融衍生品市场规范发展进程，维护整个金融体系的稳定与安全。

4. 推进金融监管体系的信息制度建设

完善征信体系，为金融机构的经营决策和监管当局提供支持。健全支付清算体系，从交易活跃状况反映经济景气程度等经济形势，为评估金融稳定状况提供参考。同时加强监管当局与金融部门之间的信息共享机制，提高监管效率。

第四节 国际金融监管合作

由于各国金融监管体制的不同和金融国际化进程，加强国际金融监管合作是维护各国经济金融发展与稳定的必经之路。跨国资本流动和跨国银行的发展将各国独立的金融体系相互联系起来，也引发了国际金融监管合作的要求。国际金融监管合作是指在国际金融监管组织和机构的领导下，通过各种机制维护世界金融体系正常运行，以达到协同调节金融体系安全与效率目标。通过国际金融监管合作可以充分发挥各国监管的主动性，改善监管体制的缺陷和不足，加强各国金融体系抵御风险能力，保障金融体系稳定发展。

一、国际金融监管合作的必要性

国际金融监管中统一监管的实践刚刚进入起步阶段，其有效性还需一定时期的检验。总体而论，由于金融全球化的发展，各国的金融监管制度不统一、监管理念不一致，而且现在尚缺乏强有力的全球性金融监管机构。对全球金融的监管尚不是全面的、系统的、统一的和有效的，加强对国际金融的统一监管和合作势在必行。

1. 国际金融监管合作是金融全球化、一体化的客观要求和必然结果

随着国际经济一体化的发展，各国在经济、金融方面的联系越来越密切。金融风险在各个国家之间具有传导性，金融业的国际化使国与国之间的金融风险息息相关，全球范围内银行间的依赖程度进一步加深，金融风险在国家之间相互转移、扩散的趋势也在不断加强，一家银行的危机或破产就有可能引起一个国家甚至整个世界金融体系的总危机。为了维护国际金融业稳定，防范全球性的和各个国家的金融风险，加强金融监管的国际合作变得日益重要和迫切，全球性统一监管成为大势所趋。

金融全球化的进程使得发展中国家陷入两难的境地，它们一方面很难达到现行的监管标准，另一方面希望积极参与全球化。历次发生在新兴市场的金融危机表明，为成熟市场制定的巴塞尔协议、IOSCO 标准、IAIS 标

准等国际金融监管标准虽屡经修改，但仍然没有办法满足发展中国家的需要，并在一定程度上使这些国家成为世界金融监管体系中的最薄弱环节。

2. 国际金融监管合作是防范金融危机传染性的必然要求

20 世纪 90 年代以来，伴随着世界经济一体化和金融一体化进程的加快，国际性金融危机爆发日益频繁。危机一旦爆发，不仅限于危机国家内部，而且迅速扩散到其他国家和地区，演变成为区域性危机。危机呈现出破坏性增强、影响的范围广及国际传染性增强等新的特点。随着“传染效应”的频频发生，其破坏性也越来越大，甚至影响了政府的稳定。金融危机使整个国际金融市场和金融系统的动荡超出了金融监控部门的控制能力，造成金融制度的混乱，进而对整个经济造成严重破坏。金融国际化背景以及由此而来的国际金融市场系统风险的加大，没有一个国家的金融当局能单独应对国际金融市场上的系统性风险，使各国金融监管当局不得不转向加强金融监管的国际合作。因此，加强国际合作，增强金融当局监管行为的一致性与协调性，减少因收集信息和降低系统性风险而带来的高昂的监管成本，成为各国金融当局的首要选择。

全球金融市场紧密地联结，而各国金融监管机构受国界的限制，只能在本国境内开展活动，不可避免地必须面对国际金融市场“传染效应”带来的挑战。在很大程度上，世界金融监管体系的强度是由其中最薄弱的环节所决定的，发展中国家无疑是其中的软肋。

3. 国际金融监管的发展落后于金融创新的进程

金融创新与金融监管是一对孪生兄弟，没有金融监管制约的金融创新势必会带来灾难和不幸；金融创新也离不开金融监管，否则一些虚假的金融创新不仅不会提高金融效率，反而会导致金融风险的急剧增加。但是现行金融监管模式滞后于金融创新的实践。多年来，国际金融监管框架一直采用的是“出现漏洞—采取措施—再出现漏洞—再采取措施”模式，这种模式必然会给国际金融监管带来滞后效应。同时，近年来，金融市场和实体经济的迅速发展，使主要发达国家错误地认为现行的监管模式和体制是有效的，没有根据金融市场、机构和产品的发展，采取措施提高监管体制的有效性，减少不同监管机构之间的摩擦、内耗和推诿，这样就进一步放大了金融监管模式落后于金融创新实践的滞后期。

金融创新是金融深化的突破口，金融监管作为一种管制手段对金融创新既有促进也有抑制作用。20 世纪 70 年代以来，随着金融业的快速发展，金融创新和金融监管之间的关系显得日益复杂。但不管怎样，金融创新与金融监管的关系是一个动态的博弈过程，金融发展一方面需要金融创新作为动力，另一方面又需要加强金融监管以维护金融安全，以利于金融业持续、健康、稳定地发展，金融创新与金融监管就这样互相作用。作为一对矛盾的统一体，在自身发展的同时，共同促进了金融改革的深化。从表面上看，金融创新与金融监管是一对矛盾，但实际上是相辅相成的。因为中国国内金融管制的放松和国际金融监管的加强，目的都是要解决同一个问题，即如何确立新的金融竞争秩序，如何最好地发挥金融机构的效率。

4. 各国金融监管制度不统一，监管理念不一致，国际金融监管合作体系尚未形成

由于历史和经济的原因，各国金融管理当局的监管政策存在很大差异，加大了国际金融业的风险。正是由于缺乏统一的监管标准，当金融危机爆发时，金融风险跨国传递和金融危机国际蔓延的途径、机会和速度得不到有效的控制，此次由美国次贷危机引发的金融危机在短时间内波及全球就是一个很好的例证。在监管理念方面，德、法等欧洲国家一直主张加强对金融衍生工具的监管，坚持直接监管理念，强调监管的法律强制性。而美国则认为应更多地强调监管的非强制性，并且过度地相信市场的作用和自我修复能力，忽视了在资本逐利动机下隐藏的系统性金融风险隐患。

缺乏强有力的全球金融监管机构，国际金融监管合作体系尚未形成。作为目前国际金融监管合作的重要机构，巴塞尔委员会、国际证券委员会组织和国际保险监管联合会分别致力于银行业、证券市场和保险市场的稳定，推动全球金融市场更广泛的监管合作。但是这些组织普遍缺乏代表性和权威性，发布的协议也不具备法律强制力。而且针对各国经济、政治、文化背景及监管制度的差异，为了寻求被各国普遍接受的折中性方案，不得不为成员国留有一定的自由选择空间，这进一步削弱了协议的约束力。在国际合作方面，由于缺乏统一的监管标准和信息交换的平台与机制，监管者对国际性金融机构的跨境活动尤其是国际资本流动缺乏了解。

缺乏有效的全球性危机救援机构。国际货币基金组织对危机中的国家进行援助的同时往往提出苛刻的先决条件，如削减预算赤字，采取与刺激经济背道而驰的加息举措，而这些政策不仅违反了受援国的意志，而且经常缺乏科学性，甚至干涉到受援国的内政和经济政策的独立性。这使越来越多的人认为，在危机处理方面国际货币基金组织还不算是一个强有力的机构。

二、国际金融监管合作主体

国际金融监管合作主体即负责国际金融监管政策制定和协调的金融机构，其在推动国际金融秩序稳定、促进金融改革和防范金融风险方面发挥着重要作用。

1. 国际清算银行（Bank for International Settlement，BIS）

国际清算银行于1930年5月17日成立于瑞士的巴塞尔，是世界上最早的国际金融机构。国际清算银行通过促进各国中央银行间的讨论与合作，支持促进负责金融稳定机构的联系，研究中央银行和金融监管当局的政策制定，充当中央银行交易的主要对手，作为国际金融业务的代理人从五个方面为各国中央银行的货币和金融稳定提供服务，并且作为中央银行推动金融国际合作。

2. 国际货币基金组织（International Monetary Funds，IMF）

国际货币基金组织（IMF）成立于1945年12月，最初成立的目的是为了避免导致大萧条的灾难性经济政策重演。现在国际货币基金组织是一个由188个国家构成的，促进国际货币合作和汇率稳定，有利于国际贸易的均衡增长，并提供资源或协助帮助国际收支困难的成员，目的是促进全球货币合作，国际贸易、就业和可持续增长，确保金融稳定。

3. 巴塞尔委员会（Basel Commission Banking Supervision，BCBS）

20世纪70年代以来，在金融自由化、经济全球化的背景之下，作为金融体系主体的银行扩大资产规模和业务种类，加大了银行经营风险，同时跨国银行的兴起和扩张使各国的监管机构无法对银行体系实施有效监管。1974年德国赫斯塔特银行和美国富兰克林国民银行的倒闭促使银行监管的国际合作从理论认识上升到了实践层面，并由美国、英国、法国、德国、意大利、日本、荷兰、加拿大、比利时、瑞典这10个国家的中央银行成立了银行监督管理委员会——巴塞尔委员会。巴塞尔委员会设立的初衷是为了健全国际银行体系，补充一国对银行监管体系的不足，维护国际金融秩序，统一各国银行监管标准。巴塞尔委员会的成立为国际银行业的监管问题提供了一个讨论场所和舞台。巴塞尔委员会发布的协议和原则也成为国际银行监管框架和风险管理原则发展与演变的重要标志之一。

4. 金融稳定理事会（Financial Stability Board，FSB）

金融稳定理事会的前身是金融稳定论坛（Financial Stability Forum），金融稳定论坛成立于1999年，由七国财政部部长和中央银行行长建议加强各个国家和国际监管机构之间的合作，从而促进国际金融体系的稳定。2009年4月的G20领导人峰会上决定扩大金融稳定论坛，重新成立金融稳定理事会，扩大授权，以促进金融稳定。它的职责是评估影响金融体系的漏洞，并识别和监督解决这些问题需要采取的行动；促进负责金融稳定监管当局之间的协调和信息交流；为符合监管标准的最佳实践提供意见等。金融稳定理事会会员的义务是承诺维持金融稳定、维持金融部门的公开性和透明度、完善国际金融标准等。

三、危机后国际金融监管改革

自2008年国际金融危机爆发以来，全球的金融监管理念、技术和制度安排经历着一场全面彻底的变革。并且此次危机中因监管制度的不健全以及金融体系的复杂性、关联性和脆弱性，是各国监管当局和制度设定者都难辞其咎的。自2009年以来，美国、欧盟、英国等主要国际活跃经济体先后出台了系统性风险分析报告和金融监管改革方案。G20、国际货币基金组织、国际清算银行、巴塞尔委员会等主要国际经济组织都就重塑监管理念和方法、改革监管制度和体系及扩大监管范围等方面进行了进一步的探讨和改进。

2008～2010年，G20进行了5次领导人峰会论坛，就金融监管改革及监管体系的构建进行讨论。此次由金融创新引发的危机造成了许多规模过大、过度关联的金融机构和具有流动性转换和期限转换又缺乏政府隐性担保的影子银行体系，传统的监管手段已不能充分对风险进行检测、评估和规避，系统性风险更是很快地在各经济体之间互相传染甚至加重。

2009年3月，G20发布《加强监管和提高透明度》文件，提出宏观审慎的监管办法。2011年戛纳峰会要求金融稳定理事会对各国监管改革进程形成定期监管报告，加强对全球系统重要性金融机构和影子银行体系的监管，并且要加强国际监管机构的执行力和构建金融安全网等。

巴塞尔银行监管委员会将新兴经济体监管机构领导纳入其决策体系，并于2010年12月公布了巴塞尔协议Ⅲ对银行的资本提出了新的规定，规定核心一级资本充足率要求达到4.5%，一级资本充足率达到6%，并且要求2.5%的资本留存附加和0~2.5%的逆周期资本缓冲。并且对流动性风险管理方面建立了全球统一的流动性监管指标。巴塞尔委员会要求从2013年起开始就其中多项指标进行落实，并将2013~2018年规定为实施协议的过渡期，从2019年起全面实行各项监管指标。金融稳定理事会更是吸纳了包括中国在内的多个发展中国家成为正式成员。

危机后改革的一个重要方面就是提出了宏观审慎监管理念和政策框架。危机发生后，包括国际清算银行及其所属机构、金融稳定理事会和国际货币基金组织在内的国际金融监管合作主体都主张通过宏观审慎监管政策的实施维护整个金融体系的稳定。

表3.1　部分宏观审慎工具

降低信贷扩张的工具	期限错配限制
动态资本要求	外汇借款最高限额
动态拨备	系统重要性金融机构的管理
准备金要求	系统性风险的处置机制和信息披露机制
动态保证金要求	非核心融资征税
动态债务收入比要求	外汇敞口和错配限制
动态贷款价值比要求	

四、巴塞尔协议的演进

巴塞尔委员会在加强和改善银行风险管理方面发布的一系列原则和指引统称为巴塞尔协议。

1. 巴塞尔协议Ⅰ

从20世纪80年代开始，一些国家银行业利用其低资本的优势进行全球扩张，影响了银行业公平竞争环境。巴塞尔委员会于1988年发布《统一资本计量和资本标准的国际协议》（巴塞尔协议Ⅰ），目的是以明确的资本要求约束银行业务规模和风险水平，保障银行稳健经营。巴塞尔协议Ⅰ以银行资本充足率为核心，在将资本分为三个等级的基础上，对银行表内外资产设置了不同的风险权重，以计算出银行的风险加权资产。设置了资本充足率的最低监管标准，一级资本充足率不低于4%，总资本充足率不低于8%。这标志着以资本为核心的国际银行业监管框架正式确立。

2. 巴塞尔协议Ⅱ

巴塞尔委员会对巴塞尔协议Ⅰ进行修订，于2004年发布了《统一资本计量和资本标准的国际协议：修订框架》（巴塞尔协议Ⅱ）（BCBS，2004）。巴塞尔协议Ⅱ以风险管理和风险量化为核心，构建了以最低资本要求、监督检查、市场约束三大支柱为基础的新资本监管框架。第一支柱最低资本要求在计算信用风险加权资产时，引入内部评级法，改变了由监管部门确定风险权重的方法，在信用风险基础上增加了市场风险和操作风险的概念，并将资产证券化、交易账户风险等纳入资本监管框架，扩大了资本的风险覆盖范围；第二支柱监督检查指监管当局应检查、评估银行内部管理程序；第三支柱市场约束指银行应及时披露资本充足状况、风险评估和管理过程等信息。

3. 巴塞尔协议Ⅲ

自次贷危机爆发以来，改革现行的金融监管制度、增强金融体系稳健性成为国际社会的共识。在二十国集团（G20）推动的各项金融监管改革措施中，巴塞尔委员会负责修改和制定国际银行业监管标准和准则，并于2010年12月16日正式发布《增强银行业抗风险能力的全球监管框架》（BCBS，2010a）和《流动性风险计量、标准与监测的国际框架》（BCBS，2010b）（巴塞尔协议Ⅲ）。巴塞尔协议Ⅲ以资本和流动性监管改革为核心，旨在构建更加完善的银行业监管体系。巴塞尔协议Ⅲ的改革内容较为严格且具有较强的操作性。除了更严格的微观审慎监管要求外，针对系统性金融风险管理不足的缺陷，还提出了加强宏观审慎管理的要求。巴塞尔协议Ⅲ的出台将大幅提高银行业的资本质量，改善银行业的流动性管理，提升整个银行业的抗风险能力，为全球宏观经济增长提供长期发展动力。巴塞尔协议Ⅲ的主要内容包括更严格的资本要求，建立国际统一的流动性监管框架，加强市场约束和公司治理，缓解银行体系的顺周期性，防范系统性风险和关联性风险，建立跨境银行处置机制几个方面的内容。

表 3.2　全球主要国家及国际组织加强金融监管 2008 年进展一览

时间	国家或组织	措施或进展
6 月	中美	第四次中美战略经济对话重申关于继续紧密合作以获得持续增长、保持价格稳定和确保双方金融体系平稳有序的承诺，并同意继续双方在共同感兴趣的金融服务信息共享方面的合作和进一步考虑如何加强合作
10 月	亚欧	第七届亚欧首脑会议在北京召开，会议发表了《关于国际金融形势的声明》，呼吁各国应采取负责任和稳健的货币、财政和金融监管政策，提高透明度和包容性，加强监管，完善危机处置机制，保持自身经济发展和金融市场稳定。并提出解决金融危机，要处理好金融创新与金融监管关系，维持稳健的宏观经济政策，号召对国际货币与金融体系进行有效和全面的改革
11 月	G20	G20 金融峰会在华盛顿举行，与会领导人一致同意加强监管、扩大合作。对国际金融体系实施改革的措施建议。峰会承诺采取必要的措施稳定国际金融体系，同时加大合作、加强监管，确保所有金融市场、产品和参与者受到相应监管

资料来源：IMF、BCBS、FSB，全球和各国各年度金融稳定报告及监管机构网站。

表 3.3　全球主要国家及国际组织加强金融监管 2009 年进展一览

时间	国家或组织	措施或进展
3 月	英国	英国金融服务管理局主席埃德尔·特纳发表《英国金融服务管理局：应对全球性银行危机的监管措施》
	G20	发布《加强监管和提高透明度》报告，正式提出将宏观审慎监管与微观审慎监管有机结合
4 月	G20	G20 伦敦峰会闭幕后公布了正式公报，突出强调了加强国际金融监管合作的重要性，峰会发表了《加强金融系统》宣言，提出要创立一家全新的金融稳定委员会，将金融稳定论坛提升为金融稳定委员会，加强与国际货币基金组织进行合作，对宏观经济和金融危机风险发出预警，并扩大监管措施的适用范围
6 月	欧盟	欧盟委员会于 2009 年 5 月 27 日公布了《欧盟金融监管体系改革》方案，并于 2009 年 6 月 19 日由欧盟理事会通过。首次提出泛欧金融监管体系框架，重新建立欧洲三大金融监管机构，加强欧盟成员国监管机构之间的协调与合作，提升一体化金融监管机构的权力
	美国	奥巴马政府发布了《金融监管改革：新基础——重构金融监管体制》白皮书。其金融监管改革计划的主要内容包括：加强对金融机构的监管，加强对金融市场的全面监管，保护消费者和投资者免受金融危机的影响，提供政府管理金融危机所需的工具，提高国际监管标准并改善国际合作五个方面

续表

时间	国家或组织	措施或进展
7月	G8	G8 领导人在意大利拉奎召开峰会，并就全球金融监管和防范金融危机提出四点建议：改革银行体系、清理有毒资产、加强金融稳定委员会作用、改革国际货币基金组织和世界银行
9月	G20	G20 领导人在美国匹兹堡召开第三次金融峰会，共同探讨国际金融风险预警机制建立与全球金融监管合作问题，以应对美国金融危机的影响。此次峰会凸显了改革国际金融体系和国际金融机构、加强国际金融监管协调与合作的决心与信心，增加了发展中国家的话语权、投票权和代表权，指出未来国际金融监管合作的方向，以防止类似金融危机重演

资料来源：IMF、BCBS、FSB，全球和各国各年度金融稳定报告及监管机构网站。

表 3.4　全球主要国家及国际组织加强金融监管 2010 年进展一览

时间	国家或组织	措施或进展
2月	FSB，BCBS	成立宏观经济评估小组（MAG），来评估加强资本金和流动性要求对宏观经济产生的影响
3月	BCBS	巴塞尔委员会发布了《跨境银行处置工作组的报告和建议》，从加强各国处置权力和跨境实施、金融机构应急计划以及降低传染性三个方面提出了 10 条建议
5月	联合国	联合国亚太地区经济和社会委员会表示，亚洲国家应该更多地考虑利用“政策工具”中资本控制的对策，以管理造成通胀和资产泡沫的资本流入，具体可采取提高存款准备金或征收金融交易税等措施
	IMF	国际货币基金组织表示，欧洲必须以此轮危机为契机重建其制度体系，完善欧元这一共同货币
	日本	日本国会众议院通过了扭转该国邮政服务私有化的法案，这可能会加剧紧张局势，因为美欧官员担心此类举措可能会不利于非日本金融公司
6月	英国	英国金融服务监管局对摩根大通处以 3332 万英镑的罚款，因该公司在过去近 7 年的时间内，未采取必要措施保护大客户资金
	中国	中国支持加强金融监管，强化金融机构资本充足率和流动性管理，以提高抵御风险能力
	欧盟	在市场极度动荡之际，欧盟的市场监督机构可能被赋予暂时禁止裸卖空信用违约交换合约的权力

续表

时间	国家或组织	措施或进展
6月	英、德、法三国	三国将开始征收银行税以降低未来应对金融危机的成本，并将在 G20 峰会上敦促其他国家领导人采取同样的措施
	G20	G20 多伦多峰会首次明确了国际金融监管的四大支柱，一是强大的监管制度，确保银行体系依靠自身力量能够应对大规模冲击，采取强有力的监管措施强化对冲基金、外部评级机构和场外衍生品监管；二是有效的监督，强化监管当局的目标、能力和资源，以及尽早识别风险并采取干预措施的监管权力；三是风险处置和解决系统重要性机构问题的政策框架，包括有效的风险处置、强化的审慎监管工具和监管权力等；四是透明的国际评估和同行审议，各成员国必须接受国际货币基金组织和世界银行的金融部门评估规划（FSAP）和金融稳定理事会的同行审议（Peer Review），推进金融监管国际新标准的实施
7月	德国	德国下议院通过一项延长裸卖空禁令的法案，禁令范围限于所有股票和非对冲货币风险的欧元衍生工具
	美国	美国金融监管改革法案《多德—弗兰克法案》正式实施，使美国金融监管的组织框架、范围、管理理念发生了巨大变化
10月	BCBS	巴塞尔委员会发布了《监管联席会议良好实践原则》，从目的、组织架构、信息共享、交流渠道、监管合作、与机构互动、危机管理与宏观审慎八个方面提出了八项原则
11月	G20	G20 首尔峰会在韩国首尔召开，会议以汇率、全球金融安全网、国际金融组织改革和发展为四大主要议题
12月	BCBS	公布了巴塞尔协议Ⅲ，对银行的资本与流动性框架进行全面修正

资料来源：IMF、BCBS、FSB，全球和各国各年度金融稳定报告及监管机构网站。

表 3.5　全球主要国家及国际组织加强金融监管 2011～2012 年进展一览

时间	国家或组织	措施或进展
2011 年 2 月	FSB，IMF，BIS	向 G20 提交了《宏观审慎政策与工具的进度报告》，报告内容包括宏观审慎政策框架的目标、对系统性风险的识别和监控及国际政策的协调统一等几个方面
2011 年 5 月	中国	银监会颁布《关于中国银行业实施新监管标准指导意见》，确定了中国实施巴塞尔协议的主要思路

续表

时间	国家或组织	措施或进展
2011 年 11 月	G20	G20 领导人第六次峰会 11 月 4 日在法国戛纳举行，会议通过旨在促进增长与就业的“戛纳行动计划”。此次峰会继续推进金融监管改革并确定了全球系统重要性金融机构名单，并在此次峰会上做出了决定，以重振经济增长、创造就业、维护金融稳定、促进社会融合和令全球化为人类需求服务
	IMF	宣布扩大成员国的 SDR 信贷额度，以新的预防与流动性额度取代原有的信贷安排
	BCBS	在《全球系统重要性银行：评估方法和额外损失吸收要求暂行规定》中提出由核心资本实现吸收损失要求，将核心资本提高 2.5%
2012 年 1 月	美联储	在《多德—弗兰克法案》的第 165 条和第 166 条要求下增强审慎监管标准并尽早实施补救措施
2012 年 3 月	美联储	对增加中国投资的美国银行业打开了大门
2012 年 6 月	G20	在墨西哥召开峰会，落实和深化 2010 年国际货币基金组织治理改革方案，利用 G20 平台提升对金融体系系统风险的预警能力建设，包括增强对系统重要性金融机构、影子银行体系以及场外衍生品的市场监管，完善和提高国际金融监管机构的职能，强化全球金融监管体制的相互协调和统一，健全国际金融监管的国际合作

资料来源：IMF、BCBS、FSB，全球和各国各年度金融稳定报告及监管机构网站。

第五节　金融监管的宏观效应实证分析

金融监管制度是为了给国内金融体系和国际金融体系创造良好的发展环境，保障其稳定运行的安全和效率，从而更好地为经济发展服务。金融监管的宏观效应是指中央银行或其他金融监管当局依据国家法律规定对整个金融业（包括金融机构和金融业务）实施的监督管理对宏观经济所产生的影响。科学合理的金融监管制度可以更好地实现金融监管的目标，推动经济平稳持续发展。

一、变量选取

由于金融监管政策是为了保障其政策目标的实现，所以要从监管政策目标来选取变量。金融监管目标主要分为宏观和微观两个方面，微观目标主要包括保护金融体系安全和保护消费者权益，宏观目标为保障宏观经济体系的正常运行。在微观金融体系安全性方面本书选取了金融机构存贷比、银行业的资本充足率、不良贷款率、流动性比率和资产负债率五个指标，消费者保护选取了存款基准利率和贷款基准利率两个指标，而宏观经济体系运行则选取了消费物价指数和国民生产总值两个指标。变量选择 2009 年第一季度至 2013 年第一季度共 17 期数据。

二、实证分析

分析中运用 SPSS21.0 软件进行主成分分析，主成分分析法的原理是将原来众多的具有一定相关性的指标重新组合成一组新的互相无关的综合指标来代替原来的指标。首先由于数据的量纲不同将数据进行标准化处理，在标准化处理以后看变量间是否具有相关关系。从表 3.6 中可以看出银行资产负债率、资本充足率、不良贷款率及存贷款余额之间均存在限制的相关关系，而存贷款基准利率与存贷款余额之间的相关关系也十分显著，其余变量间也存在着相关关系，只有个别变量间的相关性较低，所以存在信息上的重叠，可以运用主成分分析法对其进行分析。

表 3.6 相关系数

	资本充足率	不良贷款率	流动比率	银行资产负债率	存款基准利率	贷款基准利率	存款余额	贷款余额	CPI	GDP
资本充足率	1.000	-0.791	0.771	-0.920	0.860	0.843	0.867	0.874	0.383	-0.362
不良贷款率	-0.791	1.000	-0.528	0.863	-0.793	-0.784	-0.909	-0.907	-0.756	-0.162
流动比率	0.771	-0.528	1.000	-0.664	0.635	0.610	0.752	0.757	-0.060	-0.566

续表

	资本充足率	不良贷款率	流动比率	银行资产负债率	存款基准利率	贷款基准利率	存款余额	贷款余额	CPI	GDP
银行资产负债率	-0.920	0.863	-0.664	1.000	-0.844	-0.825	-0.925	-0.929	-0.534	0.212
存款基准利率	0.860	-0.793	0.635	-0.844	1.000	0.999	0.804	0.802	0.505	-0.273
贷款基准利率	0.843	-0.784	0.610	-0.825	0.999	1.000	0.781	0.778	0.517	-0.256
存款余额	0.867	-0.909	0.752	-0.925	0.804	0.781	1.000	0.999	0.478	-0.167
贷款余额	0.874	-0.907	0.757	-0.929	0.802	0.778	0.999	1.000	0.469	-0.160
CPI	0.383	-0.756	-0.060	-0.534	0.505	0.517	0.478	0.469	1.000	0.545
GDP	-0.362	-0.162	-0.566	0.212	-0.273	-0.256	-0.167	-0.160	0.545	1.000

资料来源：中国银监会、人民银行和统计局网站。

表3.7为进行主成分分析法的方法输出表，选取特征值大于1的前两个主成分分析，成分1解释方差占总方差的70.5%，而成分2占据总方差的19.3%，两者合计总方差值为89.8%，所以提取前两个成分进行分析。

表3.7　主成分特征值方差

解释的总方差						
成分	初始特征值			提取平方和载入		
	合计	方差%	累计%	合计	方差%	累计%
1	7.049	70.494	70.494	7.049	70.494	70.494
2	1.935	19.352	89.846	1.935	19.352	89.846
3	0.548	5.475	95.322			
4	0.208	2.084	97.406			
5	0.115	1.151	98.557			

续表

解释的总方差						
成分	初始特征值			提取平方和载入		
	合计	方差%	累计%	合计	方差%	累计%
6	0.088	0.877	99.434			
7	0.044	0.439	99.872			
8	0.012	0.123	99.995			
9	0.000	0.004	99.999			
10	9.315E-05	0.001	100.000			

资料来源：笔者根据主成分分析法计算而得。

表3.8成分矩阵显示，包括资本充足率、不良贷款率、流动比率、存贷款基准利率和存贷款余额在内的微观指标在成分1中均占有很大的比重，可以通过成分1来表示。而成分2中消费物价指数和国内生产总值在内的宏观指标占据的比重很大，可以用成分2来表示宏观经济标量。成分1和成分2包含了所有变量，所以可以用两个成分来代替所有变量。

表3.8 成分矩阵

	成分	
	1	2
资本充足率	0.941	-0.165
不良贷款率	-0.913	-0.364
流动比率	0.748	-0.538
银行资产负债率	-0.957	-0.020
存款基准利率	0.925	-0.026
贷款基准利率	0.910	-0.007
存款余额	0.958	0.008
贷款余额	0.958	0.005
CPI	0.536	0.798
GDP	-0.219	0.921

资料来源：笔者根据主成分分析法计算而得。

$$F_1 = 0.355 \times ZX_1 - 0.344 \times ZX_2 + 0.282 \times ZX_3 - 0.36 \times ZX_4 + 0.348 \times ZX_5 + 0.343 \times ZX_6 + 0.361 \times ZX_7 + 0.361 \times ZX_8 + 0.202 \times ZX_9 - 0.08 \times ZX_{10} \quad (3.1)$$

$$F_2 = -0.119 \times ZX_1 - 0.261 \times ZX_2 - 0.387 \times ZX_3 - 0.014 \times ZX_4 + 0.018 \times ZX_5 + 0.005 \times ZX_6 + 0.005 \times ZX_7 + 0.003 \times ZX_8 + 0.573 \times ZX_9 - 0.662 \times ZX_{10} \quad (3.2)$$

以每个主成分所对应的特征值占所提取主成分总的特征值之和的比例作为权重计算主成分综合系数。

$$F = 0.253 \times ZX_1 - 0.326 \times ZX_2 + 0.138 \times ZX_3 - 0.286 \times ZX_4 + 0.269 \times ZX_5 + 0.269 \times ZX_6 + 0.284 \times ZX_7 + 0.284 \times ZX_8 + 0.281 \times ZX_9 - 0.078 \times ZX_{10} \quad (3.3)$$

从图 3.1 中可以看出，我国的金融监管指数从 2009 年开始至 2012 年始终处于一个上升阶段，说明金融监管的效应在逐渐加大，目标实现程度也逐步增强。但从 2012 年开始就停止了上升趋势并开始小幅波动。F 的走势和 F_1 的走势大致相同，而 F_2 对其有拉上和拉下的作用。2009 年监管指数上升的原因可以归结为促进了宏观经济和金融体系的运行，但是从 2010 年开始对宏观经济的作用开始下降，监管效应主要体现在刺激金融领域的发展。从 2012 年开始，金融监管对微观经济的作用和宏观经济的作用都维持在一个比较稳定的水平上。

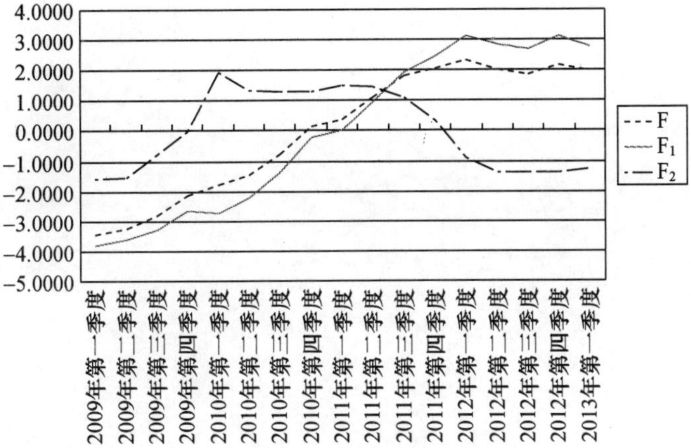

图 3.1　金融监管指数走势

资料来源：笔者根据金融监管指数数据绘制。

第六节　小　结

次贷危机的爆发以及迅速波及实体经济并转化为全球性金融危机，证明了美国的金融监管制度的缺陷和对危机抵御能力的缺失。本章从历史的角度研究了美国金融监管改革历史进程和中国金融监管改革历史进程，并且对 2008 ~2012 年的国际金融监管大事件进行了梳理总结。由于各国金融监管体制的不同和金融国际化进程，加强国际金融监管合作是维护各国经济金融发展与稳定的必经之路。国际金融监管合作组织主要有国际货币基金组织、国际清算银行、巴塞尔委员会和金融稳定理事会，巴塞尔委员会颁布的巴塞尔协议Ⅲ是国际上通用的银行监管原则。本章在实证分析部分运用主成分分析法构建了我国的金融监管指数。金融监管指数从 2009 ~2012 年始终处于一个上升阶段，金融监管的目标实现程度逐步增强，金融监管促进了宏观经济和金融体系的运行。从 2010 年开始对宏观经济的作用开始下降，监管效应主要体现在刺激金融领域的发展。从 2012 年开始，金融监管对微观经济的作用和宏观经济的作用都维持在一个比较稳定的水平上。

第四章 影子银行体系及其宏观效应研究

在金融监管放松和金融创新背景下诞生的影子银行体系，能够在为市场参与者提供多种金融服务的同时平衡社会资金供求，推动整体金融市场发展，但由于其高杠杆性和低透明度等特征，影子银行体系在短期快速成长的同时，积聚了大规模的风险，并给整个金融市场和宏观经济带来了极大的冲击和难以估量的损失。作为影响宏观经济稳定运行的经济主体之一，影子银行体系对社会融资方式和货币政策效果产生了新的挑战。本章主要目的是运用 Granger 检验和向量误差修正模型分析影子银行体系对社会融资规模、货币供需、物价和经济发展水平的影响，并针对我国影子银行的发展情况给出监管建议。

第一节 影子银行体系概述

影子银行体系在助推全球金融市场快速发展的同时，也是使次贷危机发展为全球金融危机的始作俑者。影子银行体系以其特有的资金模式，改变了金融系统中传统金融机构与市场作用范围，这种变化让现有的监管体制变得莫衷一是，并且由此引发货币政策效果减弱及监管缺失。自 2007 年金融危机开始之后，影子银行便得到金融监管当局的密切关注。金融稳定理事会（FSB，2011）提出了全面评估和监测影子银行体系的程式化步骤，包括全面扫描和测绘影子银行体系、识别并详细评估影子银行体系产生系统性风险和监管套利问题。欧盟委员会（European Commission，2012）在影子银行绿皮书中阐述了影子银行体系的定义、范围、风险领域，并对欧洲影子银行体系提出了监管措施。①金融稳定理事会（FSB，2012）在加强对影子银行监管的咨询文件中对影子银行的风险评估、处理及其在证券融资和回购协议中的风险给出了建议，包括增强透明度、对证券融资进行监管和改善市场结构。②随着金融市场自由化和国际化，影子银行体系在我国近年来发展迅速，并对我国金融领域和整个宏观经济的影响也愈加明显，因此，分析我国影子银行体系对融资规模及经济发展产生的宏观效应，对进一步完善影子银行体系的监管具有重要的意义。

一、影子银行体系背景

影子银行体系的产生有其特有的历史背景。20 世纪 60 年代，美联储为了减缓通货膨胀的压力不断缩紧银根，导致市场利率上升到比较高的水平。而传统银行通过金融创新，以资产证券化为主的表外业务获取利润。另外，住房抵押贷款需求增加和金融机构资金紧缺早在 20 世纪 70 年代就成为美国社会的主要矛盾之一，由此促成了按揭贷款支持证券的诞生。包括共同基金、养老基金、保险公司在内的机构投资者规模的不断扩大，也使影子银行的发展速度不断加快。但大多数机构投资者受限于投资期限短且流动性和安全性高的资产，而金融市场存在的产品不能满足机构投资者的投资需求，机构投资者只能从影子银行购买流动性高且名义上安全的金融产品。

20 世纪 80 年代初，里根政府开始解禁和放松金融监管，认为解决经济问题的根源在于政府本身必须释放市场经济的手段，并废除了多项金融监管法律，改变了美国民众的资产分配方式。直接导致 20 世纪 80 年代末美国储贷危机的《加恩—圣杰曼法案》（1982）的出台，降低了监管强度，取消了证券组合限制，并许可金融机构提高企业贷款额度、增加消费者信贷和商业不动产抵押贷款数量。这一过程加深了证券化程度，使部分固定资产转换为有价证券，同时，大量复杂的金融工具和处于监管约束范围之外的金融中介机构开始出现。包括结构化金融产品在内的金融工具的不断创新、

① European Commission, *Green Paper on Shadow Banking-Frequently Asked Questions*, 2012.

② Financial Stability Board, *Consultative Document: Strengthening Oversight and Regulation of Shadow Banking*, 2012.

金融监管方式的变化直接推动了影子银行体系的发展。影子银行体系是金融自由化的监管理念的结果。

二、影子银行体系内涵

影子银行概念于2007年的美联储年度会议上由麦卡利首次提出，他认为影子银行系统提供与传统银行借贷和中介相类似的服务并且和传统银行有着相同的利润动机。时任美联储主席伯南克在2010年定义影子银行体系为在存款类机构以外将储蓄转化为投资的金融中介机构。金融危机调查委员会（FCIC）将影子银行定义为在传统银行体系之外并进行相似的金融活动，其中大多经营不受监管或仅受轻度监管。[①]纽约联邦储备银行（FRBNY，2010）认为，影子银行是在中央银行不能提供流动性支撑和缺少政府公共部门信用担保的情况下从事期限转换、信用转换和流动性转换的金融中介机构。金融稳定理事会（FSB，2011）通过综合考量从以下两个层面给出了定义：影子银行体系广义上是指位于正规银行体系之外的信用中介实体及其业务活动；狭义上是指在上述系统中具有系统性风险隐患，包括期限转换、流动性转换、信用风险转移和具有监管套利隐患的实体及其活动。结合上述定义，影子银行体系特征大体包括以下三个方面：①在银行监管体系之外的非传统存款金融机构，缺乏中央银行流动性支撑和政府公共部门信用担保；②从事流动性转换、期限转换和信用转换等业务；③存在信用和系统性风险隐患。金融稳定理事会将影子银行体系的经济职能和不同活动进行了分类，并在分类的基础上针对不同的功能提供了不同的政策工具（FSB，2013）。

三、影子银行特征与运行机制

影子银行体系具有区别于一般银行的特征，主要包括未被监管触及而体现出的不透明性、高杠杆性、表外性以及信贷膨胀效应等特征，而这些特征体现出影子银行脆弱性的本质，从而导致金融市场的系统性风险进一

① Financial Crisis Inquiry Commission, *Preliminary Staff Report: Shadow Banking and the Financial Crisis*, 2010.

步放大。

不透明性。由于影子银行体系未被监管触及，所以这些影子金融机构都属非银行类机构，因此它们并不需要接受类似政府对银行的严格监管，它们的经营活动不公开、不透明，比较隐秘；其经营背后也没有类似传统银行拥有的存款保险制度、最后贷款人等保护机制，这使其潜在经营风险存在很大的不确定性。此外，影子银行的产品结构设计非常复杂，这些金融衍生品交易大多在场外柜台交易市场进行，很少有公开的、可以披露的信息。

高杠杆性。由于不受金融监管机构的监管，影子银行并不需要留存准备金，资本运作的杠杆率很高，这会导致整个金融体系的杠杆率随之升高，系统风险得以放大。BIS 的 2008 年度报告中指出，在投资银行业中，风险价值（VaR）指数从 2000 年的 100 上升至 2007 年底的近 240，给金融体系的稳定性带来极大的风险。

表外性。影子银行与传统银行存在广泛而紧密的合作关系，以实现多方“共赢”。比如，商业银行可以深度参与投资银行的资产证券化和结构化投资，但这些业务的运作由于影子银行的参与难以被监管触及，而且都游离于商业银行的资产负债表之外，使传统商业银行的业务边界被跨越了。

信用创造或信贷膨胀效应。影子银行机构之所以被称为影子银行，首先是因为影子银行部分替代了商业银行的功能和业务，也以资金为经营和交易对象，并具有实质上的信贷创造或信贷膨胀效应。比如，结构投资工具就部分取代了传统银行的借短贷长的资金融通功能（FSA，2009）。同时，影子银行机构不受当局监管，不需要留存准备金，资本运作的杠杆率更高，信贷扩张系数也更高。

传统银行业主要依靠的是吸收存款、发放贷款和创造货币；而影子银行体系则主要通过发展交易活动和提升金融市场的流动性，来向经济社会提供源源不断的信用供给，而对于货币当局紧紧盯住的货币存量，它们基本上不产生显著影响。影子银行体系与商业银行体系的共同之处在于将全社会的储蓄者和借款人联系起来，但方式不同于商业银行的吸收存款发放贷款机制，而是以与现代金融市场联系非常紧密的各种金融工具形式出现。影子银行的货币创造机制主要是通过影响金融市场流动性的途径，可以称之为以市场为基础的信用创造，这与传统的以银行中介为基础的信用创造互为映照。它们借助各种融资性金融工具，逐步替代商业银行的信贷市场，或依托银行信贷进行自我创造。信贷资产证券化就是最典型的运作模式。此外，它们通过为商业银行提供信用风险对冲工具，如CDS，成为商业银行信用管理的一个环节和交易对手方，从而融入银行的信用创造过程。

总之，影子银行体系脱离传统的“商业银行—存款准备金—中央银行”模式，独立、平行地产生了一种信用创造机制。

四、中国影子银行体系

1. 发展现状

我国影子银行体系与美国及欧洲等国家存在很大的差别。我国影子银行体系中的一些信贷融资都在银行体系内展开，信用衍生产品交易也没有形成一个体系，运作形式也较为简单，并且我国商业银行不得为私募股权基金发放贷款，所以大大降低了我国影子银行体系的风险程度。目前，有关我国影子银行体系尚没有统一界定，但结合影子银行体系概念和特征，我国影子银行体系大致包括以下几个方面：

（1）金融衍生品业务，主要包括资产证券化和利率汇率衍生品，2005年我国资产证券化试点建立，2008年因金融危机而暂停，2012年5月财政部、中国人民银行和银监会下发进一步扩大资产证券化试点文件，预期试点额度500亿元。

（2）包括个人理财业务、委托贷款、信托贷款和未贴现银行承兑汇票等在内的商业银行表外业务。由于表外业务不占用资本，所以不受商业银行有关资本、拨备、杠杆等方面监管，但近年来表外业务规模迅速上升，委托贷款、信托贷款、未贴现的银行承兑汇票三个表外融资从2002年开始，10年间快速增长，委托贷款由2002年的175亿元扩张至2012年的12840亿元，信托贷款在2006~2012年也扩张了近三倍。自2009年以后，传统信贷资产主动或被动地脱离银行资产负债表，变成信托计划、中债或城投债，同时也就要求负债端必须出表变成理财产品来对接。但是信托计划、中债或城投债期限一般在3年以上，而理财产品期限在1年之内。资产端和负债端先天的期限不匹配，决定了银行只能构造资金池进行期限错配。

“银信合作”是指银行通过信托理财产品的方式“隐蔽”地为企业提供贷款。具体来说，通过银信合作，银行可以不采用存款向外发放贷款，而通过发行信托理财产品募集资金并向企业贷款。由于信托理财产品属于银行的表外资产而非表内资产，可以少受甚至不受银监部门的监管。融资类银信合作的交易结构即银行将理财资金委托给信托公司，信托公司按银行的要求购买信贷资产，或者对指定的客户发放信托贷款。融资类银信合作的本质是“曲线”信贷资产证券化。规模快速增长的银行理财资金，也需要找到更多的投资标的。银行开始借用信托平台，“曲线”进行信贷资产证券化，并将这种“产品”卖给自己的理财客户。实际上，在银监会出台种种政策限制融资类银信合作业务之后，银行很快转向金融资产交易所，以银行理财计划名义直接购买信贷资产，或者银行理财计划委托银行的分支机构发放委托贷款。

2012年上半年，银行变银信合作为“银证合作”或“银证信合作”，即将银行理财资金委托给证券公司，对接其资产管理计划，投资于信贷资产和票据资产。2010年7月，银信合作规模超过2万亿元之后，银监会出于管控信贷规模、防范银行“资产表外化”潜藏风险的目的，口头叫停了银信合作业务。此后，又出台《信托公司净资本管理办法》（银监发[2010]5号），在配套的净资本计算标准中，通过对融资类银信合作业务设定高达10.5%的风险资本系数，达到限制此类业务的目的。但是，银监会并非全盘否定银信合作业务。投资类银信合作业务，仍然有巨大的发展空间。比如，部分中小银行资产管理能力较弱，可以将理财资金委托给信托公司，由信托公司投资于货币市场工具、债券、各种具有稳定现金流的权益类资产等。在券商资管持续遭到收紧后，更多的银信合作及通道业务或将“外流”至基金子公司。有限合伙基金也在借道定向资管为通道，开展“基证合作”的融资类业务（FOSOT），该业务负债端以有限合伙基金完成资金募集，再通过投资定向资管计划来对接资产端。

（3）包括小额贷款公司、担保公司、民间借贷、典当行在内的民间融资机构。截至2013年1月，我国的小额贷款公司已超过6000家，贷款余额超过6000亿元。小额贷款公司是只能发放贷款而不能吸收存款类的金融机构。约有1/2的小额贷款公司的成立期限在1年以内，处于发展初期，缺乏专业完整的贷前审查和贷后管理机制。而且由于人员、区域、发展差异等因素，缺乏统一的会计标准，存在一定的财务资金不规范现象。2008年银监会发布《关于小额贷款公司试点的指导意见》（银监发［2008］23号），小额贷款公司只能向不超过两家金融机构融入资金，而且通过股东增资、银行贷款和其他融资方式获取的资金不得超过其注册资本的50%。2013年，在中国区域性股权交易市场已经出现了小额贷款公司通过发行私募债券融资的新型融资方式，而且在其业务操作中也将银监会对于增资的限制提升至50%以上。截至2013年底，全国有典当行6833家，平均注册资本1781万元，从业人员5.86万人。全国典当余额866亿元，同比增长28%。自2012年起，省级商务主管部门负责审批设立典当行。中国社会科学院2012年发布的社会蓝皮书中称，2012年中国民间借贷总规模超过4万亿元，而且民间借贷资金只有很少一部分进入实体经济，只是进行炒作投机活动，存在巨大风险。

浙江省十二届人大常委会第六次会议2013年11月22日正式通过《温州市民间融资管理条例》，是全国首部金融地方性法规和首部专门规范民间金融的法规。明确了民间融资管理的主体，赋予地方金融管理部门一定的管理权限，对民间的融资行为进行管理、规范和监督，以重建民间融资秩序。规定民间借贷利率最高不得超过银行同类贷款利率的4倍，且单笔借款金额300万元以上、借款余额1000万元以上、涉及出借人30人以上等情形，借款人都应当向管理部门报备。通过大额民间借贷的备案，可以掌握大额民间借贷情况、社会民间融资总体流量，进而引导民间资金流向真正有资金需求的实业，同时也可以提前把控风险。本条例自2014年3月1日起施行。

担保公司是影子银行体系的一个重要组成部分，目前中国的很多投资担保公司都存在规模不足、风险分散与补偿机制缺失、公司治理和内部控制制度不健全和监管不足等现象，制约了担保公司的规范发展和可持续发展。同时由于担保机构的担保能力普遍较弱，收益和风险失衡形成制度性亏损，2010年全国担保机构代偿率平均为0.16%，这一比率在2011年上升至0.42%。从2012年中小企业信用担保专项资金结构上分析，补助担保机构的代偿额同比已增长51.2%，如果完全由担保机构承担违约风险会造成担保机构的经营困难和规模萎缩。同时，担保机构也存在较多的违法违规行为，担保机构进入资本市场直接发放贷款和循环利用保证金的现象比比皆是。

（4）私募股权基金。中国私募股权基金的份额从2009年的85亿美元增长到2011年的160亿美元，虽然私募股权基金对中小企业有一定的推动作用，但也存在着巨大的风险。在中国IPO暂停的时间里，私募股权基金投向的企业转向了发展更为前端的企业。这部分企业虽然成长潜力很大，但也存在着巨大的风险。同时，目前许多银行存在“投联贷”业务，即只要私募股权基金投向和支持的企业，银行就为其通过一定方式提供贷款。

除以上提到的影子银行体系的组成，中国目前存在的影子银行体系中还应包括一个隐形机构——不良资产管理公司。不良资产管理公司的原始业务是通过以折让价格购买不良资产并从债务人处以更高的价格获取偿付金。但是现在的不良资产管理公司正在进行一项新的业务，就是从非金融企业购入不良债务资产。不良资产包括预期的应收账款、预期逾期的应收账款和存在资金压力企业的应收账款。不良资产管理公司通过此类业务模式转变成了一个面对财务压力的巨大的资金来源。其中受益的企业包括房地产开发商。而且由于此类不良资产管理公司背后有政府的支持，可以获取低成本的资金来源，其可以通过低于市场利率的大规模借款给不良贷款购买行为提供融资支持。不良资产管理公司向资金短缺而存在对银行贷款违约危险的企业提供更多信贷的背后发挥了和影子银行体系一样的作用。

周小川认为，我国大多数金融机构及其活动都在监管可控范围内，没有完全脱离监管，而且我国的担保、信托、财务公司及银行理财等业务本身就有规范的监管体系，杠杆率也受到限制，所以这些机构及业务是现存金融体系的补充，没有过大的系统性风险。巴曙松在2013年1月17日举办的国际金融透明度发展论坛上提到，现有银行理财产品均处于监管口径之内，并会定期向监管部门报告其运行情况，理财产品也纳入了社会融资口径中。对于信托公司、担保公司也有市场准入程序和监管要求。现在讨论的影子银行系统只是具有部分影子银行特征的体系与业务，要根据金融机构与业务的不同风险特征对其进行规范，完善监管体系。王浡力和李建军（2013）对我国的影子银行的规模进行了测度，中国影子银行体系是一个倒锥体结构，2012年末，影子银行资产规模约25万亿元，其中，货币影子银行：回购、货币市场基金资产证券化、信用衍生品，约3万亿元；影子银行产品：银行、银信合作等理财产品，约7万亿元；信贷影子银行：资产管理、信托、金融租赁、融资租赁约10万亿元；民间借贷型影子银行：融资担保、小额贷款公司、典当行、民间借贷网络平台3万亿～4万亿元；灰色互助金融：商会、俱乐部借贷等，约0.5万亿元；地下金融：私人钱庄、借贷经纪人、合会等。

2. 监管办法

2013年3月银监会发布《关于规范商业银行理财业务投资运作有关问

题的通知》（银监发［2013］8 号），商业银行理财资金直接或通过非银行金融机构、资产交易平台等间接投资于“非标准化债权资产”业务增长迅速。一些银行在业务开展中存在规避贷款管理、未及时隔离投资风险等问题。非标准化债权资产是指未在银行间市场及证券交易所市场交易的债权性资产，包括但不限于信贷资产、信托贷款、委托债权、承兑汇票、信用证、应收账款、各类受（收）益权、带回购条款的股权性融资等。商业银行应实现每个理财产品与所投资资产（标的物）的对应，做到每个产品单独管理、建账和核算。达不到上述要求的非标准化债权资产，商业银行应比照自营贷款，按照《商业银行资本管理办法（试行）》（银监发［2012］1 号）要求，于 2013 年底前完成风险加权资产计量和资本计提。理财资金投资非标准化债权资产的总额和余额在任何时点均以理财产品余额的 35% 与商业银行上一年度审计报告披露总资产的 4% 之间孰低者为上限。

2013 年末，国务院办公厅发布《国务院办公厅关于加强影子银行监管有关问题的通知》（国办发［2013］107 号）指出，我国当前影子银行风险总体可控，并将以下三类机构和业务归为中国影子银行体系：一是不持有金融牌照、完全无监督的信用中介机构，包括新型网络金融公司、第三方理财机构等；二是不持有金融牌照，存在监管不足的信用中介机构，包括融资性担保公司、小额贷款公司等；三是机构持有金融牌照，但存在监管不足的或规避监管的业务，包括货币市场基金、资产证券化、部分理财业务等。

对于影子银行体系具体的归属监管部门，《国务院办公厅关于加强影子银行监管有关问题的通知》（国办发［2013］107 号）中对中国影子银行体系的监督管理按照谁设批机构谁负责风险处置的原则，落实各类影子银行主体的监督管理责任：对已明确法定监督管理部门的银行业机构、证券期货机构、保险业机构及其理财业务，由相关部门按照法定职责分工分别实施统一归口监督管理；对已明确由国务院有关部门制定规则、地方人民政府负责监督管理的融资担保公司和小额贷款公司，实行统一规则下的地方人民政府负责制；对已经明确由地方人民政府负责监督管理，国务院明确行业归口部门的，由地方人民政府根据行业归口部门统一要求负责具体监督管理；对尚未明确监管主体的第三方理财和非金融机构资产证券化、网络金融活动等，由中国人民银行会同有关部门共同研究制定办法。在确立监管部门的基础上，对以上归属于影子银行体系的金融机构及其业务的监管制度和办法进行了指引和规定，并且对风险防控和配套措施也进行了引导说明。

2013 年 7 月，中国证券业协会发布《关于规范证券公司与银行合作开展定向资产管理业务有关事项的通知》（中证协发［2013］124 号），对证券公司开展银证合作定向业务的要求进行了一系列规定，提出证券公司应当建立合作银行遴选机制，明确遴选标准和程序。证券公司应当对合作银行的资质、信用状况、管理能力、风控水平等进行尽职调查，审慎选择合作银行，并且合作银行满足最近一年末资产规模不低于 300 亿元，且资本充足率不低于 10% 的规定。2014 年 2 月，证券业协会发布《关于进一步规范证券公司资产管理业务有关事项的补充通知》（中证协发［2014］33 号），对集合资管业务的各类监管指标加以确定和强调。还把与券商合作的银行准入门槛提高至总资产 500 亿元。除银信合作为主的定向业务外，通知还提高了对集合资管业务的监管要求，其中包括加强对所聘用第三方机构的尽职调查、筛选，以及强化分级类集合资管产品监管等内容。证券公司分级集合资产管理计划的产品设计应遵循杠杆设计与风险收益相匹配的原则。权益类产品初始杠杆倍数应不超过 5 倍；其他产品初始杠杆倍数应不超过 10 倍。初始杠杆倍数 =（优先级份额 + 劣后级份额）÷劣后级份额。

第二节　影子银行体系的宏观效应

影子银行体系的出现是对传统银行经营范围和业务的创新与扩展，它不仅提供了多种金融衍生品服务、平衡了社会资金供求，也在一定程度上对整体金融市场的发展起了推动作用。但由于其高杠杆、低透明度、潜在的高风险和金融监管的缺失，导致影子银行体系在迅速成长的同时，积聚了巨大的风险，并给整个金融体系和宏观经济带来了极大的冲击和难以估量的损失。作为影响宏观经济稳定的经济主体之一，影子银行体系对货币政策的作用效果产生了新的挑战。分析我国影子银行体系的宏观效应，对于稳定金融市场具有重要意义。在影子银行体系与宏观经济关系方面，沈悦和谢坤锋（2013）在对中国影子银行体系规模进行测度的基础上，对影子银行的发展和中国经济的影响进行了分析，认为经济增长为影子银行的发展提供了基础，且经济增长与影子银行发展之间存在长期稳定的关系。

一、影子银行体系对融资规模的影响

通过银行体系进行间接融资一直是我国企业的主要融资方式，根据中国人民银行社会融资规模的统计，2006 年人民币贷款占社会融资规模的 73.8%，2007 年占 60.9%，2008 年占 70.3%，2009 年占 70.0%，2010 年占 56.7%，2011 年占 58.2%，2012 年占 52.1%，虽然以人民币贷款形式的间接融资比重自 2008 年开始逐年下降，但其融资规模始终是社会融资规模中占比最大的部分。通过银行体系进行间接融资会扩大派生存款，增加货币供给量，同时使风险过多集中于银行，银行体系会产生系统性风险和流动性不足甚至脱媒。影子银行体系的出现减少了企业间接融资规模，增大了直接融资规模，从而分散了银行风险，使资源更加合理地配置。目前对影子银行的融资规模还没有统一的界定，本书粗略地将委托贷款、信托贷款、未贴现银行承兑汇票之和定义为我国影子银行体系的融资规模。图 4.1 显示，影子银行融资规模从 2007 年开始初步发展，由于次贷危机的冲击 2008 年开始规模迅速下降，而此时人民币贷款规模迅速上升并达到顶峰，2009 年影子银行体系重新开始迅速发展，且与人民币贷款规模变化趋势大致相似。但是，值得关注的是，从 2012 年中期开始人民币贷款数量下降而影子银行规模壮大，直至 2012 年底，影子银行融资规模和人民币贷款规模所差无几。

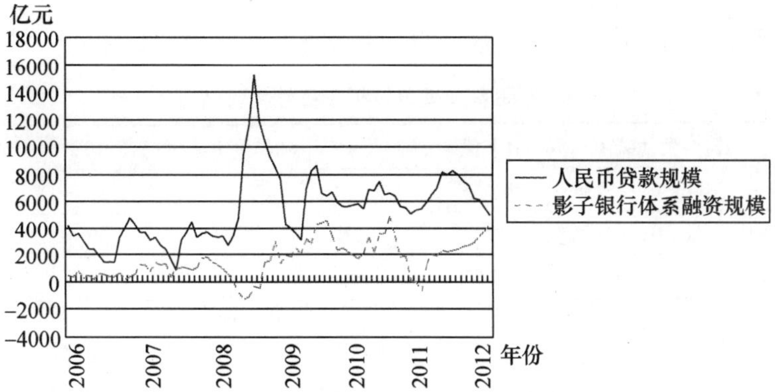

图 4.1　影子银行融资规模和人民币贷款规模趋势

资料来源：中国人民银行社会融资规模月度数据。

影子银行融资规模扩大的原因可以归结为以下两个方面：

（1）影子银行体系可以降低企业的资本成本和融资难度。由于影子银行体系受到较少的监管，其发放贷款的条件相对宽松，其中的证券化产品（比如商业票据）可以将企业应收账款等转换为流动性高的证券，这样就为融资者提供了一种相比于传统银行更方便、限制条件更宽松的融资方式，在一定程度上影响了企业的内部利润和现金流量。商业银行通过出售贷款等业务与影子银行机构合作，可将信用风险转移，使银行有足够的资金和动力继续发放贷款。因而，商业银行逐步放松了贷款条件，将贷款惠及原本信用级别不够的次级贷款人，这就为企业以及社会主体的融资提供了更大的便利条件。

（2）影子银行体系拓宽了投资者的投资渠道，在使金融服务多样化的同时可以吸收社会闲置资本，避免资金流入房地产及生活必需品等领域。影子银行体系可以辅助银行实现资源优化配置，减少了经济下行过程中的资金量不足导致的企业倒闭。

那么，各种不同渠道的融资规模是怎样互相影响以及影子银行体系是否对其他融资规模具有挤出效应还不得而知。下面通过 Granger 检验对影子银行融资规模（YZ）与融资总规模（ZGM）和人民币贷款（RMB）之间的相互联系及因果关系进行分析，数据选取区间为 2006 年 1 月到 2013 年 1 月共 85 个数据。为了避免出现虚假回归问题，首先对上述三个变量进行单位根平稳性检验。在表 4.1 中，各变量的 ADF 值均大于 5% 的显著性水平下的临界值，故存在单位根，是不平稳的；经一阶差分后的 ADF 值均小于 5% 显著性水平下的临界值，证明一阶差分后数据平稳且单整阶数相同。

表 4.1　融资规模单位根平稳性检验结果

变量序列	检验类型（c，t，p）	ADF 值	临界值 1%	临界值 5%	临界值 10%	结论
ZGM	（c，0，11）	-0.46	-3.52	-2.90	-2.59	不平稳
DZGM	（c，0，11）	-3.28	-3.52	-2.90	-2.59	平稳
RMB	（c，0，2）	-2.65	-3.51	-2.89	-2.59	不平稳
DRMB	（c，0，11）	-3.57	-3.52	-2.90	-2.59	平稳
YZ	（c，0，2）	-1.30	-3.51	-2.89	-2.59	不平稳
DYZ	（c，0，1）	-11.50	-3.51	-2.90	-2.59	平稳

注：c 为常数项，t 为趋势项，t=0 代表无趋势，p 的选取为 AIC 准则所选定的滞后阶数。

资料来源：计算依据为中国人民银行社会融资规模月度数据。

下面通过 Johansen 检验观察数据间是否具有协整关系。根据 AIC 准则选择 Johansen 检验的滞后期数为 3。滞后 3 期的 Johansen 检验结果如表 4.2 所示，从中可知，在 5% 的显著水平下，所有 P 值均远小于 0.05，所以影子银行融资规模、人民币贷款规模和融资总规模间存在三个协整关系，证明这三个变量间存在长期均衡关系。

表 4.2　Johansen 协整检验结果

假设	特征值	追踪统计量	5% 临界值	P 值
None *	0.273054	56.50113	35.0109	0.0001
At most 1 *	0.172907	30.67002	18.39771	0.0006
At most 2 *	0.172052	15.29316	3.841466	0.0001

资料来源：计算依据为国家统计局网站和中国人民银行网站公布的数据。

为了分析三个变量间是否存在相互影响关系，下面对其进行 Granger 因果检验。首先根据 AIC 准则选取滞后 3 期进行 Granger 因果检验。对以上三个变量的一阶差分值进行 Granger 因果检验，表 4.3 中结果显示，一阶差分后的变量 DZGM、DRMB 均是 DYZ 的 Granger 原因，而 DYZ 不是其余两个变量的 Granger 原因，即融资总规模、人民币贷款规模都会对影子银行融资规模产生影响并有助于解释影子银行融资规模未来的变化趋势。总融资规模反映了社会经济资金的供需状况及金融对经济的支持程度，影子银行体系融资规模会受到实体经济资金需求和金融深化程度的影响。而人民币贷款规模对影子银行体系融资规模的影响说明影子银行体系中的部分业务会受到间接融资方式的影响，影子银行体系是内生并依存于社会金融发展水平、传统间接存款业务的。结果同时显示，影子银行融资规模并没有对其他融资方式有挤出作用。

表 4.3　Granger 因果检验结果

滞后阶数	原假设	观测值个数	F 统计量	P 值
3	DZGM 不是 DYZ 的 Granger 原因	81	2.926	0.039
3	DRMB 不是 DYZ 的 Granger 原因	81	3.890	0.012

二、影子银行体系对货币需求与供给的影响

影子银行体系会引起货币需求的减少。影子银行体系的资产证券化部分，给人们提供了多样化的投资、储蓄方式，使其货币持有量减少，非货币金融资产增加。同时，影子银行体系中的大量新型衍生工具，比如美国次贷当中的结构化金融产品 MBS、ABS、CDO 等，在很大程度上满足了人们的流动性偏好，使货币需求结构发生了很大变化，减少了用于购买商品和劳务的商业性货币，增加了用于投资和投机的金融性货币，从而使货币需求量下降。影子银行体系也从不同角度加大了金融市场的货币供给能力。随着影子银行体系的发展，商业银行逐步改变了持有贷款到期的模式，通过与影子银行机构合作，将贷款通过证券化转移。影子银行体系自身资金的货币供给如图 4.2 所示，普通商业银行创造货币是通过原始存款—贷款—派生存款—贷款—派生存款的方式，影子银行体系则有特有的“存款人”、“存款”负债凭证、“贷款”资产凭证。影子银行体系的金融产品作为再抵押融资的抵押品，比普通商业银行存款至贷款方式信用扩张能力更强，自我创造或扩张的程度不受中央银行等金融监管机构约束，因而，影子银行体系利用金融产品凭证（或合约）创造着比商业银行更多倍的货币。

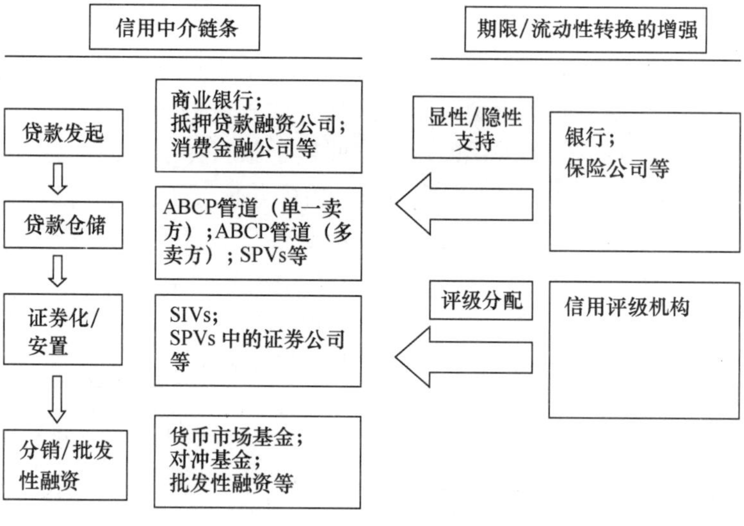

图 4.2　影子银行货币供给机制

下面通过图 4.3 中 IS－LM 曲线分析影子银行体系货币供给和需求的变化对总产出和利率水平的影响。在产品市场和货币市场都均衡的点 a 对应的利率为 i_1，社会总产出为 Y_1。影子银行体系造成的货币供给量的增加会使 LM 曲线向右移至 LM1 位置，而货币需求的自主性减少（不是由于物价水平、总产出和利率变动引起的）会造成货币的超额供给，也会推动 LM 曲线向右位移，造成的结果是均衡点由 a 点移至 b 点，利率下降至 i_2，社会总产出增加到 Y_2。影子银行体系对货币供给和需求产生的影响使利率下降，社会总产出增加。

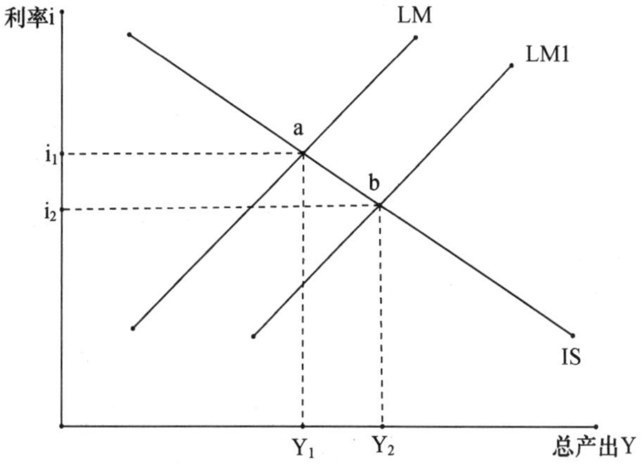

图 4.3　货币供给量的增加对总产出和利率的影响

三、影子银行体系对货币政策的影响

影子银行体系不仅对利率和货币供给量及需求量有影响，而且对货币政策效果也具有一定的效应。货币政策主要是通过货币政策工具利用货币供给量、准备金、利率等中介指标实现货币政策的最终目标。由于影子银行体系对货币政策的影响不仅会涉及某个部门，而且会波及整个宏观经济，所以下面对其展开深入的分析。

1. 影子银行体系对货币政策工具的影响

货币政策工具主要是指存款准备金、再贴现业务以及公开市场操作。首先，由于影子银行体系扩大了投资范围、增加了投资途径，使资金由银行流向了私募基金、银企投资公司、小额贷款公司等金融机构，减少了银行业的存款数量，增加了存款负债，所以银行体系中可用于计提准备金的存款减少，增加了中央银行通过控制法定存款准备金率来影响货币供给量的难度。其次，影子银行体系使金融机构可以通过多种借款途径满足对资金的流动性需求，减少了银行体系向中央银行再贴现借款需求，使中央银行货币政策效果减弱。最后，影子银行体系在金融市场上为中央银行的公开市场业务提供了多种可供买卖证券，在一定程度上加强了中央银行的公开市场操作。

2. 影子银行体系对货币政策中介目标的影响

一国的货币政策中介目标主要通过规定利率和控制货币供给量来实现货币政策目标。影子银行体系的出现，使许多过去只能利用有限的融资渠道和信用形式的企业及金融机构，现在可以选择影子银行体系的业务产品进行代替和补充。中央银行通过控制利率和金融机构资产和负债的方法来减少供给量的效果减弱。同时，影子银行体系模糊了货币总量的定义，由于影子银行体系使货币的概念不断扩大，改变了金融资产的流动性。

3. 货币政策效应实证分析

实行货币政策的最终目标为经济增长、物价稳定、充分就业、国际收支平衡，中介目标为利率和货币供给量。本书运用月度国内生产总值（GDP）衡量经济增长速度，消费物价指数（CPI）环比衡量物价稳定程度，加入了货币供给量（M2）和影子银行的融资规模（YZ），其中月度国内生产总值是利用季度国内生产总值、季度工业增加值增长速度和月度工业增加值增长速度得到。下面将最终目标和中介目标中的个别代表性变量与影子银行融资规模统一进行分析，考察影子银行货币政策效应，数据为2008年1月~2012年12月的60个月度数据。

表4.4首先对以上变量进行单位根检验，GDP、CPI、M2、YZ一阶差分后的ADF值均小于5%显著性水平下的临界值，数据为平稳，且均为一阶单整。

表4.4 货币政策变量单位根检验结果

变量序列	检验类型（c，t，p）	ADF值	临界值5%	结论
DGDP	（c，0，1）	-6.83	-2.91	平稳
DCPI	（c，0，10）	-4.89	-2.92	平稳

续表

变量序列	检验类型（c，t，p）	ADF 值	临界值 5%	结论
DM2	（c，0，7）	-4.30	-2.92	平稳
DYZ	（c，0，1）	-10.41	-2.91	平稳

资料来源：计算依据为国家统计局网站和中国人民银行网站公布的数据。

下面通过 Johansen 检验观察数据间是否具有协整关系。根据 AIC 准则选择滞后 1 期进行检验。滞后 1 期的 Johansen 检验结果如表 4.5 所示，从中可知，在 5% 的显著水平下，P 值只有在第一个结果中小于 0.05，GDP、CPI、M2、YZ 四个变量间存在一个协整关系，证明四个变量间存在长期均衡关系。

表 4.5　Johansen 协整检验结果

假设	特征值	追踪统计量	5% 临界值	P 值
None *	0.574513	88.70597*	63.87610	0.0001
At most 1	0.332976	39.14377	42.91525	0.1134
At most 2	0.144780	15.65788	25.87211	0.5202
At most 3	0.107356	6.58688	12.51798	0.3896

资料来源：计算依据为国家统计局网站和中国人民银行网站公布的数据。

对以上四个变量建立向量误差修正模型（VECM），通过 AIC 准则对向量误差修正模型进行定阶，结果发现滞后一阶时 AIC 最小，所以模型滞后阶数选择 1。向量误差修正模型中影子银行规模对其余变量的影响如表 4.6 所示，根据最后一行的输出结果看出，D（YZ（-1））对 D（GDP）、D（M2）、D（CPI）系数均不显著，只对其自身的 D（YZ）显著。

表 4.6　向量误差修正模型结果

误差修正	D（GDP）	D（M2）	D（CPI）	D（YZ）
D（YZ（-1））	0.0110	-0.0003	0.0000	-0.6543
	-0.0121	-0.0003	0.0000	-0.1296
	[0.9021]	[-1.2241]	[0.1556]	[-5.0480]

资料来源：计算依据为国家统计局网站和中国人民银行网站公布的数据。

以上分析表明，影子银行体系规模与我国的经济发展水平、货币供给量和物价水平在长期内是存在均衡关系的，会产生相互影响的作用。通过向量误差修正模型分析，影子银行体系只受自身规模的滞后1期影响，而其对经济发展水平、货币供给量和物价水平影响均不显著，说明我国影子银行体系规模目前只和自身的发展状况有关，还不会对我国的经济增长水平、物价和货币供给量产生显著作用。通过对其滞后1期进行Granger因果检验，结果显示影子银行体系规模只是物价水平的Granger原因，这一结果可能由于影子银行体系拓宽了投资者的投资渠道，在使金融服务多样化的同时可以吸收社会闲置资本，避免资金流入房地产及生活必需品等领域，所以在稳定物价方面会产生一定的作用。虽然我国的影子银行体系融资规模还不至于影响到货币政策最终目标，但是基于美国影子银行体系过度扩张和监管不当引发危机的前车之鉴，我们必须审慎对待隐藏风险的各种影子银行体系及业务，以防患于未然。

四、影子银行体系风险传导机制

影子银行多为非银行非保险的金融机构或金融产品，其所产生的风险可以通过多种途径蔓延至其他非影子银行的金融机构和整个金融体系，传导机制主要包括以下三类：

（1）当影子银行体系发生经营风险或经营失败时，与其有相关业务往来的关联交易方、投资者及其债权债务人均会一定程度上受到影响甚至发生危机。

（2）当影子银行机构大规模抛售其所持有的资产时，会造成资产价格的下跌，导致持有相同资产的其他金融机构资产缩水，流动性紧缺，引发市场流动性风险。由于公允价值会计计量法也会导致企业的资产价值下降，同时增加金融机构和实体经济的融资成本，降低企业投资，影响整个宏观经济运行。

（3）当影子银行机构在发生经营困难或由于监管不足，其无法继续提供本身应该提供的业务，造成金融体系的缺位和渠道的缺失，从而造成金融体系运行紊乱，引发危机。

而非银行金融机构又通过和银行机构间的资产负债的互相持有产生风险，具体风险类型主要可以归纳为银行和非银行金融机构之间的信用风险和融资风险相互传染效应，如图 4.4 所示。

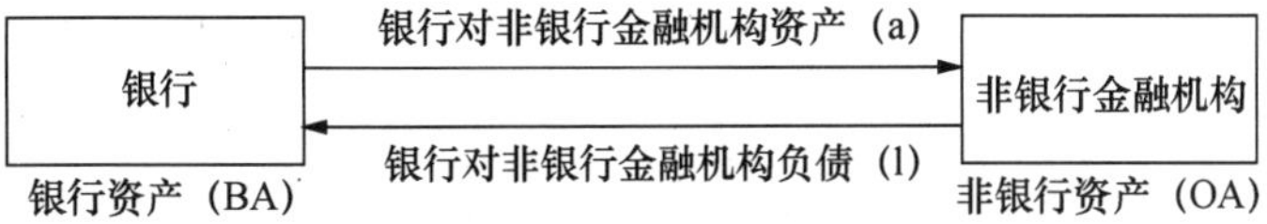

图 4.4　银行和影子银行互联性风险分析框架

其中，$\frac{a}{BA}$为银行信用风险，$\frac{a}{OA}$为非银行金融机构融资风险，$\frac{l}{BA}$为银行融资风险，$\frac{l}{OA}$为非银行金融机构信用风险。

第三节　影子银行体系的监管

影子银行体系改变了金融体系的运作模式，由于监管前瞻性不足，对影子银行体系的监管始终跟不上其发展的步伐。巨额利润诱发的金融工具创新，使贯穿金融体系的信用关系不断扩张，导致金融监管失效。没有系统地考虑影子银行在危机之前所处的地位，是全球金融监管者的重大失误之一。次贷危机发生以来，各国政府和监管当局开始重新审视对影子银行系统的监管体系，在 2011 年的 G20 戛纳峰会上，将对影子银行体系的监管提上日程。

2011 年 11 月，金融稳定理事会发布《加强对影子银行监管的政策建议》，对影子银行监管方法和措施等方面提出了一系列的建议，并提出六个监管原则。一是监管当局应合理制定系统的监管框架，全面了解风险状况。二是确定监管框架，持续风险评估。三是授权监管当局收集信息，结合市场状况，明确收集频率。四是保持监管的灵活性和适应性，了解新的创新趋势。五是关注监管政策导致的影子银行规模的变动及不同地区间监管政策差异性造成的监管套利现象。六是定期交换信息，准确评估风险的跨境溢出。

金融稳定理事会还将对影子银行体系检测分为以下三个步骤：第一步要全面扫描并明确整个影子银行体系的范围；第二步要识别范围内影子银行体系可能产生的系统性风险和监管套利现象；第三步要对影子银行体系

所造成的系统性风险和监管套利现象进行详细评估。

金融稳定理事会（FSB，2012）提出应该在以下五个领域减少影子银行体系潜在系统性风险：一是减少常规银行体系和影子银行体系间的溢出效应；二是减少货币市场基金（MMFs）对资金抽离的敏感性；三是评估和减少由其他影子银行实体引起的系统性风险；四是评估和调整证券化的激励机制；五是抑制抵押融资合同如回购协议和在危机期间加剧融资压力的证券借贷的顺周期激励，并对影子银行体系的监管及证券借贷和回购方面提出了建议和政策框架。

金融稳定理事会（FSB，2013b）对影子银行的监管提出了以下原则：一是监管当局应当定义对影子银行的监管范围并不断更新；二是监管当局应为评估影子银行体系引发风险收集信息；三是监管当局应加强对其他影子银行实体的信息披露，以让市场参与者充分了解到影子银行体系的风险；四是监管当局应基于非银行金融实体的经济功能对其进行评估，并且针对影子银行体系的功能给出的政策工具采取必要的措施。

表 4.7　各国对影子银行体系的监管措施

监管措施	美国	英国	欧盟
主要监管手段	影子银行市场准入、业务活动限制、影子银行市场退出机制	对影子银行机构的杠杆率要求、证券保证金比例、回购预留扣减率	影子银行机构的杠杆率要求、证券保证金比率、证券化资产评估标准和风险权重
监管特点	将影子银行体系纳入全面审慎的监管体系	对影子银行体系实行全面动态监管，提高交易透明度	限制影子银行体系功能，控制资产证券化产品风险，防止系统性风险传染和扩散
主要监管文件和法案	《金融系统全面改革方案》、《金融监管改革——新基础：重建金融监管》、《多德—弗兰克法案》	《特纳报告》、《衍生产品场外交易市场改革方案》、《金融监管新方法：改革蓝图》	《关于场外衍生品交易的监管》、《另类投资基金经理人指示》、《场外市场衍生品、中央对手方和交易存款的监管指令》

资料来源：美联储、英格兰银行、欧洲中央银行网站。

在金融稳定理事会2013年影子银行监管报告中，将影子银行的统计口径进行了缩减，剔除了与自我证券化有关的金融资产、与信用中介无关的机构金融资产、可与银行集团合并的金融资产。非银行金融中介资金融通2012年为71万亿美元。其他金融中介机构资产在2012年增长了8.1%，但是在不同的国家或地区增长率有很大差距，从西班牙增长率-11%到中国的42%。非银行金融中介资产在新兴市场地区增速最快，四个新兴市场地区2012年度非银行金融中介的增长率都在20%以上。然而，这种快速增长的基数相对较小。而非银行金融体系有助于金融深化。但是，由于非银行部门的快速扩张，对包括期限转换和杠杆在内的风险仍然需要加强监管（FSB，2013b）。

一、明确影子银行体系业务范围，实行分层监管

不完善的影子银行监管体系会危及金融稳定，但是过于严苛的监管会阻碍金融市场多样化发展，同时由于监管成本的存在，所以，为了节约成本而又不影响金融市场的稳定，应首先对不同的影子银行体系进行风险层次的界定，明确不同层次下影子银行体系的监管标准，而不是采取同样的标准对待风险差异大的所有机构及业务。其次应对影子银行体系实行差别化监管，规定不同期限和方法估计不同影子银行机构和业务的风险范围、监管方式和监管强度。

具体来说，我国可以组建由专业人员组成的影子银行体系业务监管部门，加强对国际、国内影子银行业务的研究，同时对其业务、金融产品的风险和风险管理水平进行评估，确保其稳定健康发展。首先，对于风险水平较高的影子银行体系，要防范和控制商业银行表内资产流入风险水平高的私募基金、银企合作投资等，并对小额贷款公司、担保公司等金融机构影响银行体系融资规模进行监督与限制。其次，在金融衍生品交易方面，对于我国来说主要是利率和汇率的衍生品市场，应加强对其风险管理，比如加大我国金融机构衍生品人才培养的力度，尽量减少衍生品定价和传染风险。最后，表外业务方面，监管机构应加强识别表外风险暴露和完善资产证券化业务风险管理，而对于风险较小或已经纳入监管体系的影子银行体系，应谨慎对待，实行分层管理。

二、提高监管强度，完善征信体系

影子银行体系作为一个新出现的金融形式，对其监管不到位是产生风险的重要原因。因此应加大对影子银行体系的监管强度，降低潜在风险。提高监管强度主要包括以下三方面的内容：一是加强商业银行表外业务的监管，识别表外风险暴露。二是严格规范金融衍生品的交易及运作。三是根据各种影子银行体系形式的特点，引入资本、流动性及杠杆率的新要求。中国的信用体系正处于逐渐完善过程中，因此建立在信用体制基础上的影子银行活动缺少基本保障。虽然过度的信用扩张会给金融经济体系带来严重冲击，但是从美国金融创新过程来看，适度监管体系内的信用创新对加快经济发展意义非凡。因此，我国还需逐步建立合理的信用体系和完善的征信体系为影子银行体系的健康发展提供保障。

三、建立风险隔离机制，加强金融市场的跨境监管

由于影子银行体系与传统银行间的风险存在传染性，中国应建立金融体系的风险隔离机制，如禁止商业银行投资私募股权基金、对冲基金等高风险衍生品。此外，应完善影子银行体系信息披露机制。影子银行体系中设计复杂的业务和产品以及抵押资产的风险不确定因素很大，因此很难识别，美国次贷危机暴露出的金融衍生品市场风险以及场外市场风险状况也表明，隐含在影子银行体系当中的风险未能被金融机构、投资者和监管当局准确估计和识别，因而要通过加强监管与风险披露制度，确保金融交易和金融机构隐藏风险的任何信息都在监管当局掌控之下，这样可以降低金融机构与监管部门和投资者之间的逆向选择与道德风险，使投资者和监管部门能够充分认识和了解金融产品的相关信息，并依此完善监管体系。美国次贷危机中影子银行体系的崩溃表明，影子银行体系的产品和业务使单一机构的风险评估与监管的方法变得捉襟见肘，同时由于金融市场的全球化，通过对单一国家监管来控制风险蔓延也变得困难，因此，需要建立起各个国家之间的联系机制，使影子银行体系能够在全球范围内获得统一监管，避免由于规避监管而产生的巨大风险。另外，随着金融市场的高速发展，不断出现的众多跨国金融机构，迫切需要加强国际金融监管合作。

第四节　小　结

以上研究表明，影子银行体系作为新兴经济主体之一可以丰富金融市场产品线、加大资金流动性，并且通过对货币供给和需求的影响推动了社会总产值的增加。但由于影子银行体系自身运作机制的脆弱性，使其蕴含着巨大的风险。我们必须重视已经出现的和潜在的风险，防微杜渐，审慎分析影子银行体系对我国宏观经济可能造成的各种影响。从我国影子银行体系的发展情况来看，虽然其规模远不如海外市场，但是近年来开始逐渐壮大，金融创新和金融产品层出不穷。这一方面反映出实体经济发展对于资金的需求通过现存的传统银行体系和资本市场很难得到满足，另一方面对随之可能产生的风险应受到重视。影子银行体系规模、人民币贷款规模和社会总融资规模之间具有一定的相互作用关系，而且从一定程度上影响着我国货币政策的有效性。尽快建立与其相适应的监管体系是当务之急。对待我国特有的影子银行体系，应当充分吸收美欧等国在影子银行体系问题上的经验与不足，建立有效监管、分层指导的影子银行监管体系，促进金融体系稳健运行。

第五章　系统重要性金融机构及其宏观效应

系统重要性金融机构由于规模和市场关联度的优势，对整个金融体系和实体经济产生了巨大的外部效应。金融创新活动的高风险性带来的负外部效应会引发巨大的系统性风险和危机。本章着重分析系统重要性金融机构正负两方面外部性的作用机制和宏观效应，并结合庇古和科斯的外部性政策方法对系统重要性金融机构的监管问题进行讨论。

第一节　系统重要性金融机构概述

美国次贷危机爆发以来，世界金融体系和经济秩序出现了前所未有的混乱，由具体金融产品创新引发的系统性风险导致了大型金融机构的倒闭。各国政府为了维护经济的稳定不得不对那些具有系统影响力的重要金融机构进行救助。可见，金融创新在对经济发展产生积极作用的同时也表现出了巨大的消极影响。美国次贷危机引发的全球性金融危机使政府及金融监管机构开始考虑系统性金融风险的防范和宏观审慎监管问题，并由此提出了“系统重要性金融机构”（SIFIs）的概念。SIFIs 之所以重要，是因为这些金融机构规模较大、市场关联度高，其行为不仅关系到自身的存在和发展，更影响到金融系统和整个宏观经济的稳定，管理不当甚至会引发巨大的系统性风险和危机。然而，由于 SIFIs 往往就是那些“大而不能倒”的金融机构，通常情况下任何一个政府都不会坐视不管而任其倒闭，这些金融机构也就有更高的道德风险和更多动机而冒险经营，其行为必然会对整体经济产生影响。纵观世界金融发展历史，金融创新活动大多数也是由大型金融机构开展并不断深化的。同时，这些 SIFIs 带来的负外部性会冲击到整个金融系统和实体经济，本次全球性金融危机即源于此。因此，研究SIFIs及其金融创新产生的外部性的宏观效应，对进一步探讨 SIFIs 的监管具有重要的理论和现实意义。

一、系统重要性金融机构的内涵

根据国际货币基金组织（IMF）、国际清算银行（BIS）和金融稳定理事会（FSB）的定义，SIFIs 是指在金融市场承担关键功能，它的倒闭会给金融体系造成严重损害并对实体经济产生负面影响的金融机构。① SIFIs 对金融体系的影响包括增加金融服务成本、中断核心金融功能等；对实际经济的影响包括改变信贷供给、需求和时间跨度等。

金融稳定理事会（FSB，2012）将 SIFIs 进一步划分为两个层面，即国内系统重要性金融机构（D－SIFIs）和全球系统重要性金融机构（G－SIFIs）。SIFIs 不仅包括银行类金融机构，而且包括非银行类金融机构。据此，巴塞尔委员会（BCBS，2012）进一步将银行分为国内系统重要性银行（D－SIBs）和全球系统重要性银行（G－SIBs）。那些“太重要而不能倒”（Too-Important-To-Fail，TITF）或“太大而不能倒”（Too-Big-To-Fail，TBTF）的金融机构就是系统重要性金融机构。这些机构往往因为政府的隐性支持去从事高风险的业务而又不具有充足的资本，在经济或金融领域没有危机时这些机构能够维持，但是在经济或金融出现危机时则会倒闭，进而引发过度的经济或金融危机。SIFIs 不仅对金融市场，而且对实体经济也会产生严重的、持续的影响。比如，次贷危机早期，美国五大投资银行中的雷曼兄弟公司寻求破产保护，贝尔斯登和美林证券被商业银行收购，摩根士丹利和高盛被迫转型，AIG 公司也被国有化，随后引发国内大量银行倒闭，并波及全球金融体系乃至主权经济。这不仅给美国经济造成重创，而且给世界经济造成深远的消极影响。

① FSB-IMF-BIS, *Guidance to Assess the Systemic Importance of Financial Institutions, Markets and Instruments: Initial Considerations*, October 2009.

二、系统重要性金融机构的确定标准

目前金融理论界和实务界对金融机构系统重要性的判定方法可以分为两大类，一类是巴塞尔委员会提出的指标法，另一类是学术界提出的模型法。

根据 FSB 的要求，BCBS 设计了一套定性与定量相结合的全球系统重要性银行评估方法，BCBS（2011）于 2011 年 11 月发布了《全球系统重要性银行：评估方法和附加损失吸收能力要求》，明确了对 G－SIBs 的计量方法和附加资本要求。BCBS（2011）提出了基于指标的确定方法，即以“跨境活跃程度、规模、关联度、可替代性和复杂性”五个指标对 G－SIBs 进行衡量，每个指标的相应权重为 20%，并在各个指标下设定了相应的子指标（见表 5.1）。其中跨境活跃程度包括“跨境要求权和负债”；规模包含“表内资产余额、表内负债余额、总收入、市值”等指标；关联度包含“金融机构互持资产负债、批发融资规模”等指标；可替代性包含“支付系统、托管量”等指标；复杂性则包含“境外资产、业务、机构数量”等指标，并要求相关银行披露全球系统重要性评估指标。

表 5.1　全球系统重要性银行指标评估方法

指标类别	指标内容	指标权重（%）
跨境活跃程度（20%）	跨境债券	10
	跨境债务	10
规模（20%）	表内外总资产	20
关联度（20%）	银行间资产	6.67
	银行间负债	6.67
	批发融资比率	6.67
可替代性（20%）	托管资产总额	6.67
	通过支付系统结算额	6.67
	债券和股权市场承销交易额	6.67
复杂性（20%）	场外衍生品票面价值	6.67
	level 3 资产	6.67
	交易账户总额和可供出售资产总额	6.67

资料来源：BCBS：《全球系统重要性银行：评估方法和附加损失吸收能力要求》，2011 年。

2013 年 7 月，巴塞尔委员会发布修订后的全球系统重要性银行评估方法，即《全球系统重要性银行：新的评估方法和附加损失吸收能力要求》（BCBS，2013）①，在确定样本银行方法、指标定义、标准化银行评分过程和披露要求方面进行了一定的修改和明确。与 G－SIBs 划分标准相比，D－SIBs 的划分则去掉了“跨境活跃程度”这个指标，相应的其余各指标权重向上调至 25%。基于模型的方法主要有 CoVaR 法（Adrian 和 Brunnermeier，2008）和夏普利值法（Shapley）（Drehmann 和 Tarashev，2011）等。巴塞尔委员会认为指标法所选指标具有代表性，能够从不同侧面、多种维度反映系统重要性银行所产生的负外部性及其重要性，而且比现有模型法使用起来简单、结果稳定，因为模型法对系统重要性的判定仅依赖少量的指标或市场变量，且未必能够将定性指标与定量指标结合。目前，模型法还在不断地探索中。除了系统重要性银行，国际保险监督官协会（IAIS，2013）于 2013 年 7 月公布了全球系统重要性保险机构（Global Systemically Important Insurers，G－SIIs）的评估方法，通过对“规模、全球活动、关联度、非传统和非保险活动、可替代性”五大类指标设置不同的权重确定每个保险公司的系统重要性程度（IAIS，2013a）。金融稳定理事会（FSB，2014）于 2014 年 1 月发布了非银行非保险系统重要性金融机构（NBNI G-SIFIs）评估方法的讨论稿，也从“规模、关联度、可替代性、复杂性和跨境金融活动”五个方面的指标来考虑。但与银行和保险公司不同的是，由于非银行非保险的金融机构包含的类型十分广泛，金融稳定理事会将其划分为金融公司、市场中介和投资基金三个部分，并且对每个类型设置了不同的子指标。

从 2011 年起，金融稳定理事会于每年 11 月公布上一年度全球系统重要性银行名单。2011 年，我国的中国银行是唯一一家进入 G－SIBs 系列的国内银行，也是新兴经济体国家和地区中唯一入选的银行。另外，我国银监会确定的 D－SIBs 包括中国银行、工商银行、建设银行、农业银行和交通银行五大国有商业银行，学者们的有关研究将招商银行、中信银行或民生银行也划归为 D－SIBs。2013 年 11 月，我国的中国银行和中国工商银行被列为全球系统重要性银行。2013 年 7 月，金融稳定理事会公布了首批 9 家 G－SIIs 名单，中国平安保险集团是发展中国家及新兴保险市场中唯一入选的保

① Basel Committee on Banking Supervision, *Global Systemically Important Banks: Assessment Methodology and the Additional Loss Absorbency Requirement*, Bank for International Settlements, Basel, 2013.

险机构（IAIS，2013b）。

三、中国对系统重要性金融机构的管理

我国商业银行规模持续增长，关联度和复杂性不断增加，有必要对系统重要性较高的银行提出更高的监管要求。要求资产规模达到一定水平以上的商业银行披露其表内外资产规模、关联度和复杂性等相关信息，有利于促进银行改进内部管理信息系统和管理水平，增加透明度，加强市场约束。同时，也有利于持续分析和监测相关指标及其变化情况，加强系统性风险的分析、监测与防范。

中国银监会2014年1月发布《商业银行全球系统重要性评估指标披露指引》（银监发［2014］1号），对在中国境内设立的上一年度被巴塞尔委员会认定为全球系统重要性银行的商业银行和上一年末调整后的表内外资产余额为1.6万亿元人民币以上的商业银行的全球系统重要性评估指标的披露规则进行了规定和说明。披露内容包括调整后的表内外资产余额、金融机构间资产、金融机构间负债、发行证券和其他融资工具、通过支付系统或代理行结算的支付额、托管资产、有价证券承销额、场外衍生产品名义本金、交易类和可供出售证券、第三层次资产、跨境债权和跨境负债12个指标，且披露时间不得晚于每年7月31日。

第二节　系统重要性金融机构的金融创新

综观世界范围内的金融创新活动，能够创造并大规模进行应用金融创新产品的金融机构，往往是系统重要性金融机构。

一、金融创新与金融危机

“创新”一词由美国经济学家熊彼特于1912年首次提出，他认为创新就是采用一组新产品组合或产品特性，运用一种新的方法，来开辟一个新的市场或创建新的产业。我国学者较早对金融创新的定义是通过对金融要

素进行新组合而在金融领域内建立一个“新的生产函数”。金融创新的原因主要包括内部原因和外部原因两大方面，内部原因是金融企业为了追求更高的利益或降低自身的风险进行创新，而外部原因主要是经济环境的变化、科学技术的进步和规避政府监管给金融企业带来的创新动力。金融创新大致包括对金融市场、金融机构和金融工具的创新。2007 年美国次贷危机产生的重要原因之一就是金融工具的创新。回顾历史上各种金融工具的创新，其目的分别如下：期货、期权的产生是为了规避市场价格波动；货币互换、利率互换是为了转移各经济机构之间的内在风险；票据发行便利是为了创造信用；资产或贷款的证券化可以为金融机构创造巨大的流动性；信用衍生工具的创造可以转移或分散信用风险；等等。在正常的市场情况下，金融创新通过减少交易成本、降低价格波动和增强市场的有效性等改善了金融系统的功能。但是，随着金融产品创新的复杂程度越来越高，导致金融产品的定价越来越困难，交易双方的信息越来越不对称，市场交易越来越不公平，对金融创新产品的风险评估与控制难度也越来越大。因此，金融创新给金融市场和整个宏观经济带来了很大的风险及不确定性，并由此孕育了金融危机。

二、金融创新与危机救助

回顾 2007 年的金融危机，由于一种转移和分散信用风险的衍生工具债务抵押凭证（CDO）的广泛使用，促成了早已膨胀的房地产市场的过度扩张。这种金融衍生工具使投资者和发行者面临的风险暴露远远大于他们可识别和承受的范围，许多金融机构都无法对它的风险进行掌控。随着危机的发展，以美国为首的各国政府通过不断向银行系统注资来维持银行业的流动性。2007 年 9 月，英伦银行向面临挤兑的北岩银行注入资金并由英国政府承诺向其提供 100% 的存款保证，成为近 50 年来最大的救市。2008 年 3 月，摩根大通以 2.4 亿美元收购了投行贝尔斯登。2008 年 9 月，美国财政部以 2000 亿美元的代价接管了美国两家最大的房屋抵押贷款公司。SIFIs 凭借自身的规模庞大、业务复杂及对整个金融市场的巨大外部效应，使政府不得不出面救助。虽然政府与中央银行作为最后贷款人可以救助陷入危机中的金融机构，防止社会恐慌，但是需要金融机构付出成本，最后贷款人职责会导致金融机构承担过度风险，进而陷入财务困境。这种政府保障增加了 SIFIs 的道德风险，损害了纳税人的利益，也加重了政府的财政负担，如果不对其进行约束，SIFIs 还会采取以前固有的经营模式来重蹈覆辙，在危机出现时仍旧寻求或依靠政府提供的资金救助。因此，“大而不能倒”机构本身是对金融秩序的破坏和对风险的逆向激励。

第三节　系统重要性金融机构的宏观效应

SIFIs 之所以会对宏观经济产生影响，主要源于其在经济中的特殊地位，这也正如其定义所包含的本质特征，这些特征表明它具有巨大的资产、负债或市场规模，它与其他经济体具有密切的经济联系，它具有庞大的不可替代的交易系统，具有复杂的业务和产品，它的行为能够影响人们的经济活动。因此，系统重要性金融机构具有强烈的外部性，并能够产生巨大的宏观效应。外部性（又称溢出效应）是指一个经济主体的经济活动对另一个经济主体所产生的影响，即某一个体或者单位从事的活动影响到了其他个体或单位，但是没有为此付出成本或者从中得到补偿。如果这项活动造成的影响是有利的，则称为正外部效应；如果造成的影响是不利的，则称为负外部效应。Buchanan 和 Stubblebine（1962）将外部性用效用函数来表示，如果某个个体或单位的效用函数不仅取决于它自身的一些变量，而且会受到其他个体变量的影响，就会产生外部性。

$$U^A = U(X_1^A, X_2^A, \cdots, X_n^A, X_n^B, X_n^C, \cdots) \tag{5.1}$$

其中，U^A 是主体 A 的效用，X_n^A 是 A 的第 n 种变量，X_n^B，X_n^C，⋯ 表示其他主体 B，C，⋯ 活动的变量，效用函数表明其他主体活动会对 A 的效用产生外部性影响。由于外部性行为对经济主体产生了正的或负的外部性效应，而外部行为的发出者并没有通过价格机制获得利益或承担成本，就会导致资源的无效配置。金融活动的外部性效应随着金融复杂化和全球化的发展也日趋显著，金融外部性对于金融风险的积累和传播起着推动作用。当危机发生时，一个金融机构的倒闭对其他金融机构的影响及其社会效应远大于其自身的损失。由于 SIFIs 对金融体系乃至实体经济具有重大影响，政府通常不会让这些金融机构倒闭，从而产生了“太大而不能倒”的问题，即当这些金融机构出现严重经营问题时，政府会予以救助。政府的救助，一方面导致了 SIFIs 的道德风险问题，使其更倾向于在日常经营中承担过高的风险；另一方面市场也预期这些金融机构不会轻易倒闭，从而使市场约束受到削弱，加剧了道德风险。基于庇古的外部性技术分析理论和 Baumol 与 Qates（1988）对外部性论述的概括，本书对金融机构的外部性用成本收益函数进行分析，将金融外部性表示为如下成本收益函数：

$$R^A = R\ (Y_1^A,\ Y_2^A,\ \cdots,\ Y_n^A,\ Y_n^B,\ Y_n^C,\ \cdots) \tag{5.2}$$

其中，R^A 表示某经济主体 A 的成本收益函数，Y_n^A 为 A 所从事的 n 种经济活动变量，Y_n^B，Y_n^C，… 表示其他经济主体活动变量。成本收益函数表明其他经济主体的活动会对 A 的收益或成本产生外部性影响。Gianni 和 Giovanni（2012）从策略互补（Strategic Complementarities）、大规模减价出售（Fire Sale）和内部关联性（Interconnectedness）三方面单独对金融机构外部性原因进行了分析，并认为由内部关联性所产生的外部性对于 SIFIs 尤为显著。在实际经济运行过程中，外部性的这三个方面是作为一个整体机制对 SIFIs 产生作用的，策略互补可以产生内部关联性，而危机来临时大规模出售通过 SIFIs 的内部关联性对整个金融市场发生作用，金融体系会通过对实体经济的影响波及整个宏观经济的运行。

一、系统重要性金融机构正外部性的宏观效应

通常，SIFIs 在持续经营状态下会产生正的外部性，主要表现为 SIFIs 的经营行为会给其他金融机构带来有利的影响。从规模角度看，以银行为例，如果一个银行的业务在整个金融体系中占有巨大份额，那么它可以根据自己掌握的信息通过制定存贷款利率或在金融市场上进行产品（利率）报价，对市场价格（利率）的形成发挥着重要作用，而市场价格（利率）直接影响着其他商业银行的存贷款行为、投资者的投资行为和消费者的储蓄行为，影响着金融产品的定价，进而间接影响着社会资源的配置。同时，依据市场价格（利率）做出决策的部分主体并没有给 SIFIs 支付任何成本，因而 SIFIs 的行为对经济产生了正的外部效应。从复杂程度来看，SIFIs 在业务范围和业务数量等方面具有很大的优势，有充分的资源和条件进行金融创新，金融创新的产品在高收益的同时可以丰富投资者的投资品种，提高整个金融市场效率。在产品推向市场后，其余金融机构也将效仿运用此类产品，将创新产品作为自己的业务构成，但是对 SIFIs 为创新活动所付出的要素成

本没有进行补偿，所以 SIFIs 的创新活动首先带来的是正外部效应。

下面通过上述成本收益函数来分析 SIFIs 的正外部性。图 5.1 中，SIFIs 从事正外部性活动时，其本身的边际成本为 PMC，边际收益为 PMR，均衡点为 c。但是由于它的外部行为对其他金融机构带来了正的边际收益 EMR，所以社会的边际收益上升到 SMR，提高了整个社会的边际收益。

社会边际收益 = 私人边际收益 + 外部边际收益　　　　(5.3)

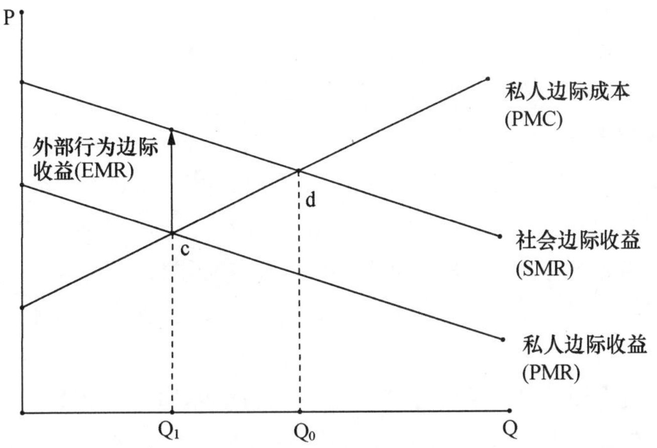

图 5.1　SIFIs 正外部性成本收益

SIFIs 在产品数量为 Q_1 时边际收益等于边际成本利润达到最大值，而整个社会达到利润最大化时产量为 Q_0，正外部性给 SIFIs 带来的结果就是供给不足，它的产量小于社会均衡时的产量，因而导致市场对其他金融机构的需求，正外部效应发生。

二、系统重要性金融机构负外部性的宏观效应

巴塞尔委员会认为，负外部性是 SIFIs 的本质特征，主要表现为在危机发生时 SIFIs 的经营行为可能给其他金融机构乃至金融体系带来不利影响。从跨境活跃程度来看，一个银行如果在国外的资产或负债份额越大，那么它对国际金融和经济的稳定就越产生巨大的影响。这类国际活跃银行的业

务渗透力越强，那么在其出现破产倒闭时就越难以进行清算处理，由此产生的负外部溢出效应也就越大。从规模角度来看，如果一个银行的业务在整个全球业务中占据了巨大的份额，那么它的破产倒闭完全可能摧毁全球经济或金融市场，因为银行越大，其业务被其他银行迅速替代的困难越大。这种负外部性还体现在它对市场参与者的信心的影响，因为SIFIs的巨大规模，其倒闭或困境使市场参与者对市场或者整个经济的稳定性产生过度联想，造成市场参与者的恐慌。从复杂性看，系统重要性银行的负外部性与其整体复杂性正相关，包括业务的复杂性、组织结构的复杂性和操作经营的复杂性，复杂性越高则银行破产处理所用的时间越长、成本越高。从关联性看，如果一个系统重要性银行与其他银行存在多种债权债务关系，那么当它出现财务危机时必然殃及与其有业务关系的银行。从可替代性看，系统重要性银行的负外部性表现为它的负相关性，即如果一个系统重要性银行破产倒闭，那么它无论是作为市场参与者还是客户服务的提供者都会对市场产生消极影响。它在一项业务或服务方面的作用越大，那么它的破产倒闭对市场的消极影响就越大，与此同时，客户寻求类似服务的成本就越高。通过上述分析可看出，由于SIFIs在规模、跨境活跃程度、关联度、可替代性和复杂性方面的特点，导致SIFIs的负外部性主要表现为它的倒闭存在着巨大的系统性风险，不但会使其他金融机构遭遇危机，而且会使整个金融体系陷入困境。

在图5.2中，SIFIs从事负外部性活动时，其私人边际收益与社会边际收益相等，为SMR，私人边际成本为PMC，均衡点为a。但是由于它的外部行为对其他金融机构带来了额外的边际成本EMC，所以社会的边际成本上升到SMC，增加了整个社会的边际成本。

社会边际成本 = 私人边际成本 + 外部边际成本 (5.4)

如果不考虑外部效应，SIFIs在产品数量为Q_1时，私人边际成本与边际收益相等，达到利润最大化，但此时社会边际成本大于社会边际收益，整个社会没有实现帕累托最优。外部性行为使社会均衡产量为Q_0，最终导致SIFIs的可带来负外部性产品供给过多，比如高风险经营业务数量的增加，规模更加庞大、更加复杂等。

日益庞大的金融体系，一方面通过资产互持和分散化策略增加了银行抵御微小冲击的能力；另一方面由于资产价格的传递性，产生负外部效应的主体在影响其他金融机构的同时也承担了外部行为的后果，成为外部性的

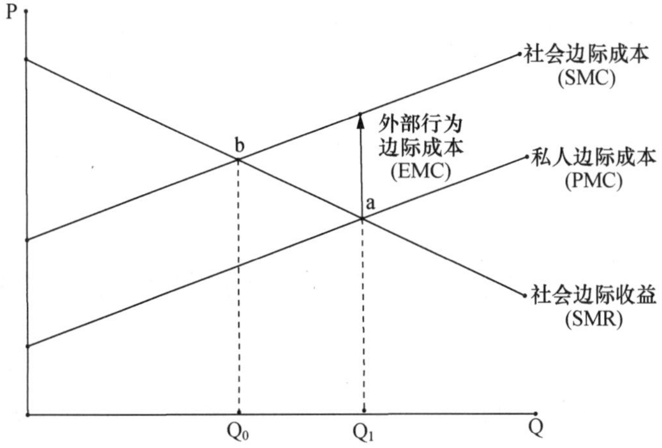

图 5.2 SIFIs 负外部性成本收益

承受方，这样，外部行为会在发出方和承受方之间传导，使负外部性越发严重，所以一旦某种金融工具或金融机构陷入困境就会加剧危机蔓延。由于 SIFIs 在金融体系中充当的重要角色，其外部性尤其强大，所以政府不会轻易让其倒闭。在危机来临时，政府鉴于 SIFIs 的倒闭具有强烈的负外部效应，会采取“监管宽容”政策，即通过直接的财政注资或中央银行再贷款帮助其度过危机，保护它们的股东和债权人免受损失。这种“监管宽容”政策虽然可以对 SIFIs 和金融体系起到保护和稳定的作用，但是却造成了政府和纳税人的损失。政府的行为会促成各金融机构都争相成为 SIFIs，以便在日常的经营活动中以较低的资金成本从事风险更高的活动，而无须承担由风险带来的损失。负外部性同样出现在非银行金融机构中。例如，雷曼兄弟的倒闭导致短期货币市场停止运作，把过度依赖该市场进行融资的投资银行、对冲基金、杠杆收购基金等影子银行体系推向了破产的边沿，影子银行系统的崩溃会使银行倒闭甚至爆发金融危机。

银行和其他金融机构之间的相互联系可以通过传染的方式对实体经济产生负外部性。金融体系的波动以资产价格波动的形式通过三种渠道传递到实体经济，即借款人的资产负债表、银行的资产负债表和流动性。危机期间，如果由于客户的挤兑导致银行流动性不足，银行会变卖自己的资产来获得流动性，这一过程降低了资产的价格，由于资产价格的降低会将风险传染给持有同样资产的银行。公允价值会计规则机制使银行和企业需要将下降后的资产价格反映在资产负债表中，导致与抵押有关的证券资产减小计提，减少企业净资产，恶化企业和银行的资产负债表，提高企业的融资成本并降低企业融资需求，放大了金融危机，进而造成投资和产量的萎缩，实体经济下滑。

第四节　对系统重要性金融机构外部性的监管

金融机构特别是 SIFIs 作为经济发展的重要中介，具有强烈的外部性，它不仅能够助推经济的快速发展，也能够导致致命的系统性风险，使一国乃至国际经济崩溃。自美国次贷危机爆发以来，各国政府或相关国际组织开始探讨防范危机和加强金融监管的措施。由于 SIFIs 的概念不是完全基于功能或者机构类型进行的分类，使对 SIFIs 的监管不能直接套用现有功能型和机构型的监管理论，成为金融监管体系中的新生事物。①

本次金融危机中，系统重要性金融机构的经营失败是美国次贷危机演化为全球经济危机的关键，因此降低由经营失败所引发的系统性风险带来的外部效应，是金融监管改革的重要内容之一。2011 年 11 月巴塞尔委员会在《全球系统重要性银行：评估方法和附加吸收损失能力要求》（BCBS，2011）中指出，对系统重要性银行应充分考虑到其巨大的负外部性，通过制定新框架来采取合理的政策以增加银行持续经营损失吸收的能力。在 2012 年 10 月发布的《国内系统重要性银行治理框架》（BCBS，2012）中，巴塞尔委员会认为国内的系统重要性银行对本国的金融系统和经济也有相似的外部性，但应对本国系统重要性银行的治理框架符合各国结构性特征，并确保各国监管部门治理跨区域外部性的有效性。②

现代经济学对外部性的解决途径是将外部性内在化。结合庇古和科斯的理论，本书认为，SIFIs 的负外部性也应通过一定的监管方法将其内在化，具体的监管方法包括两大类：一类是以“庇古税”为代表的行政管制和经

① 郭宏宇：《美国对系统重要性金融机构的监管问题与启示》，《银行家》2011 年第 7 期。

② Basel Committee on Banking Supervision，*A Framework for Dealing With Domestic Systemically Important Banks*，Bank for International Settlements，Basel，2012.

济规制，主要通过税收、补贴和管制使私人成本与社会成本一致；另一类是以“科斯市场”为代表的市场治理方法，包括产权界定和外部产权交易等方面。前者主要为政府措施，后者倾向于市场交易行为，因此可称为负外部性内在化的“政府解”和“市场解”。运用“市场解”减少金融机构的外部性有一定的困难，从微观层面上看，具体引发外部性的金融工具在金融市场间具有同质性，资产的价格传染会波及同类型的工具，而这些工具的产权虽属于不同的金融机构，但是会面临同样的价格变化；从宏观层面上看，对 SIFIs 的产权界定，因 SIFIs 的产权多元化，即可使危机时的救助不全由政府承担，分散其在危机时带来的负外部效应，但在实际生活中，这些机构由于太大、太复杂且关联密切，大多和政府的关系密切，中国最大的 5 家 SIFIs 都为国有银行。虽然“市场解”在改善金融外部性方面具有一定的困难，但仍有类似措施降低外部性效应。例如，在《中国银监会关于中国银行业实施新监管标准的指导意见》（银监发［2011］44 号）中，对增加系统重要性银行和监管有效性措施里规定，要在银行体系与资本市场、银行与股东、银行与附属机构之间建立“防火墙”来阻止风险的跨境跨业传染。美联储前主席沃克尔提出的“沃克尔规则”中主张，对金融机构的规模严格限制，对 SIFIs 的产权进行细分，拆分大银行，使它们都变成一般金融机构。目前多运用“政府解”来对 SIFIs 进行监管，从“政府解”方面对金融机构的监管大体分为征税、对 SIFIs 进行业务管制、资本附加和良心效应 4 个部分。

一、征税

“庇古税”的运用前提是政府掌握了受外部性影响的所有私人的边际收益或边际成本，拥有达到帕累托最优的所有信息，才能计算出最合理的税收与补贴。金融税或银行税是针对 SIFIs 征收的，可以增加它的边际成本，使负外部性内部化。如图 5.2 所示，政府部门可按在最优均衡时银行给外部带来的实际损害 EMC，以相等的税率向银行征税。这样会使银行的私人边际成本上升至与社会边际成本相等，从而使均衡点从 a 点移向 b 点，降低了银行从事高风险活动的范围和资金数量。但是征税的数额会由于信息的问题而很难估计。银行税目前还没有一个统一的实行标准，在 2010 年的 G20 多伦多峰会中，并未整体推行金融交易税收制度，而是允许各国自选是否征收金融税。

二、对 SIFIs 业务管制

对 SIFIs 进行业务管制就是对它可能产生负外部效应的业务和产品进行限制，负外部性产品数量从私人均衡数量 Q_1 下降到帕累托最优均衡数量 Q_0。比如限制 SIFIs 从事高风险业务的范围与资金数量，限制 SIFIs 的风险暴露限额。美国政府的《多德—弗兰克法案》三大核心内容之一就是限制 SIFIs 的投机性交易，加强对金融衍生品的监管。法案中银行最多只能运用自身一级资本的3%投资对冲基金和私募股权，并将金融机构农产品掉期、能源掉期和大多数金属掉期等风险较大的衍生交易品种拆分到附属公司。2011 年在《中国银监会关于中国银行业实施新监管标准的指导意见》（银监发［2011］44 号）中明确规定了要限制银行业金融机构从事结构复杂、高杠杆的业务，严格大额风险暴露限制，降低系统重要性银行对单一贷款人和集团客户贷款占资本净额的比例以避免承担过大的风险。

三、资本附加

监管机构通过对资本附加会增加 SIFIs 的成本而使外部边际成本内部化，也是目前使用的主要监管手段。巴塞尔委员会建议对系统重要性金融机构设定1%～2.5%的附加资本金要求（见表5.2），在特定条件下还可追加1%的资本要求，且附加资本必须由普通股权益构成。对金融稳定委员会发布的29 家系统重要性金融机构，巴塞尔委员会和金融稳定委员会将其额外核心一级资本要求划分为 5 个级别：1%、1.5%、2%、2.5%、3.5%，且系统重要性越高，面临的额外核心一级资本越多。

表 5.2　全球系统重要性银行资本附加要求

档次	更高的损失吸收要求（%）	银行名称
5	3.50	无
4	2.50	汇丰银行

续表

档次	更高的损失吸收要求（%）	银行名称
4	2. 50	摩根大通
3	2. 00	巴克莱银行
3	2. 00	巴黎银行
3	2. 00	花旗银行
3	2. 00	德意志银行
2	1. 50	美国银行
2	1. 50	第一波士顿银行
2	1. 50	高盛银行
2	1. 50	法国农业信贷银行
2	1. 50	三菱 UFJ 银行
2	1. 50	摩根士丹利银行
2	1. 50	苏格兰皇家银行
2	1. 50	瑞银银行
1	1. 00	中国银行
1	1. 00	纽约银行
1	1. 00	西班牙毕尔巴鄂比斯开银行
1	1. 00	法国 BPCE 银行
1	1. 00	中国工商银行
1	1. 00	荷兰银行
1	1. 00	日本瑞穗银行
1	1. 00	瑞典北欧联合银行
1	1. 00	西班牙国际银行
1	1. 00	法国兴业银行
1	1. 00	渣打银行
1	1. 00	美国道富银行
1	1. 00	日本三井住友银行
1	1. 00	意大利联合信贷银行
1	1. 00	美国富国银行

注：表中更高损失吸收要求为普通股占风险加权资产的比重。

资料来源：BCBS，Global Systemically Important Banks：Updated Assessment Methodology and the Higher Loss Absorbency Requirement. 2013.

我国银监会2012年发布的《商业银行资本管理办法（试行）》（银监发［2012］1号），对过渡期内我国各银行的资本充足率要求进行了规定。资本充足率监管要求包括最低资本要求、储备资本要求、系统重要性银行附加资本要求、逆周期资本要求及第二支柱资本要求，系统重要性银行的附加资本要求为1%，该办法于2013年1月1日起施行，2018年完成（见表5.3）。

表5.3　过渡期我国银行资本充足率要求　　单位：%

银行类别	项目	2013年底	2014年底	2015年底	2016年底	2017年底	2018年底
系统重要性银行	核心一级资本充足率	6.5	6.9	7.3	7.7	8.1	8.5
	一级资本充足率	7.5	7.9	8.3	8.7	9.1	9.5
	资本充足率	9.5	9.9	10.3	10.7	11.1	11.5
其他银行	核心一级资本充足率	5.5	5.9	6.3	6.7	7.1	7.5
	一级资本充足率	6.5	6.9	7.3	7.7	8.1	8.5
	资本充足率	8.5	8.9	9.3	9.7	10.1	10.5

资料来源：《中国银监会关于实施〈商业银行资本管理办法（试行）〉（银监发［2012］1号）过渡期安排相关事项的通知》。

《中国银监会关于中国银行业实施新监管标准的指导意见》（银监发［2011］44号）规定，系统重要性银行的贷款拨备率不低于2.5%，拨备覆盖率不低于150%。系统重要性银行应于2013年底前达标，非系统重要性银行最晚在2018年前达到监管标准。

四、良心效应

在危机发生前，各银行的理财产品销售火爆，许多理财经理不去向客户揭露产品的风险，而有些理财产品是具有极高风险的，一旦发生风险会血本无收。他们良心上的愧疚会被高风险产品带来的利益所代替，循环往复则加大了外部性，降低了社会整体的边际收益和效率。如果对外部行为进行征税的话，则会使外部行为变得更加心安理得，也会加大外部性行为。良心效应的原理同样适用于系统重要性金融机构，这种外部性可以通过社会准则和道德教育来规避。[①] 作为SIFIs，如果可以准确认清自己在金融体系中所处的重要地位，认识到自身所从事的任何潜在风险的活动都可能对整个体系带来巨大损失的话，通过道德标准来约束自身的行为，就能从根本上达到充分发挥正外部性，降低负外部性的目的。

五、对系统重要性金融机构监管的国际动态

金融稳定理事会（FSB，2013c）于2013年9月对SIFIs的进一步监管做出了规划，对G20领导人在立法改革、移除跨境决议障碍、提高公司结构和操作的可分解性、考虑与有效SIFIs框架互补的国内结构化措施、完善对国内系统重要性银行的政策措施和移除有效监管障碍6方面提出了要求。同时，金融稳定理事会将设计与相关标准制定机构相协调的信息共享机制、与国际保险监督官协会（IAIS）确定全球系统重要性保险公司的监管提案。

第五节 小 结

SIFIs作为金融体系的重要构成部分，在经济运行中起着举足轻重的作用，它所进行的金融创新活动在推动金融业发展的同时也使整个社会付出了巨大的代价。SIFIs的地位和它所进行的创新活动会产生强烈的外部性，本章运用成本收益函数对系统重要性金融机构的外部性作用机制进行了分析，并阐述了外部性对金融体系和实体经济产生的宏观效应。SIFIs在日常持续经营阶段决定着市场利率并推动了金融创新，会产生正的外部性；而在危机阶段，SIFIs又影响着整个金融系统的稳定并使政府不得不对其进行救助，会产生负的外部性，这种负外部性是SIFIs的主要特征。SIFIs的负外部性效应加大了整个金融体系的边际成本、政府和纳税人的负担，而且会

① 黄有光：《福祉经济学》，张清津译，东北财经大学出版社2005年版。

快速传递到宏观经济体系，所以要加强和完善对 SIFIs 的监管。

本章将庇古和科斯对外部性的治理政策和对 SIFIs 的监管方式进行了结合，并将监管方法从“政府解”和“市场解”两个方面进行了分析梳理。现有的业务管制和资本附加等监管方法可以在一定程度上使 SIFIs 的负外部性内在化，但是对于银行规模和税收方面的监管措施还在酝酿之中。提出要加强对整个社会和 SIFIs 的道德教育，使每个人和每一个金融机构都本着对自身、对社会负责的态度去要求和约束自己，促进金融业稳定健康发展。

第六章　宏观审慎监管及其宏观效应

美国次贷危机之所以会爆发并且在爆发后迅速蔓延影响到整个金融体系和实体经济，是因为缺少对金融系统稳定性负责的全面政策框架。危机的爆发，不仅造成了金融机构倒闭、投资者遭受损失，而且给整个世界金融体系和实体经济秩序带来了系统性金融风险。危机爆发之前，金融机构普遍进行高杠杆经营，而且存在着过度的相互关联，金融中介机构转向从事流动性转换和期限转换的影子银行体系，对系统重要性金融机构的有效监管也存在严重的缺失。在这一背景下，建立宏观审慎监管政策框架对金融系统整体的稳定性进行维护的需求日益增加。2009 年 4 月，G20 伦敦峰会成立了金融稳定理事会（FSB）作为全球金融稳定的宏观审慎监管国际组织，并提出要加强宏观审慎监管的覆盖，以促进系统性金融监管，以监督和减小系统性风险。2010 年 11 月，G20 领导人在韩国首尔会议中号召国际货币基金组织、金融稳定理事会和巴塞尔委员会制定一个宏观审慎政策框架来处理金融系统性风险和被金融系统放大的风险。2011 年 6 月，英格兰银行内部设置了金融政策委员会，使金融体系遵守新的宏观审慎监管机构的意见，并指导实施宏观审慎监管工具。在中国，2010 年 10 月，党的十七届五中全会也提出了“构建逆周期宏观审慎政策框架”。2012 年 9 月，中国人民银行、银监会、证监会、保监会和国家外汇管理局共同编制的《金融业发展和改革“十二五”规划》中明确提出，要建立健全金融宏观审慎政策框架，结合中国国情建立逆周期政策框架，防范系统性风险。为此，本章主要研究实施宏观审慎监管的措施、影响因素及其主要作用，通过理论和实证分析，着重研究宏观审慎政策工具中增加资本和提高流动性的要求在短期内和长期内对经济和金融运行的影响程度。

第一节　宏观审慎监管发展研究综述

一、宏观审慎监管的内涵

“宏观审慎”一词首次出现于1979年6月28日至29日召开的库克委员会（巴塞尔委员会前身）会议中，会议指出当微观经济问题与宏观经济问题相结合时，微观审慎就要称为宏观审慎。在随后的1979年10月由英格兰银行发表的文件中，将宏观审慎与微观审慎做了对比，文件指出宏观审慎监管应作为微观审慎监管的补充，因为金融市场作为整体面临的问题与个体金融机构和微观审慎监管的问题不尽相同。1986年4月，国际清算银行关于国际银行的金融创新报告中提出宏观审慎政策促进了金融体系和支付机制安全和稳健（BCBS，1986）。1997年亚洲金融危机爆发以后，全球金融监管机构开始重视金融体系的宏观审慎监管。1998年1月，国际货币基金组织在健全金融体系框架的报告中指出，有效的金融监管体系必须通过微观审慎和宏观审慎监管将银行系统作为一个整体进行管理，基于金融市场和宏观经济信息的宏观审慎监管则侧重于对重要资产市场、其他金融中介机构、宏观经济发展和经济运行中潜在失衡的管理。2000年10月，国际清算银行总经理克罗基特（Crockett）在国际银行监管会议中对微观审慎监管和宏观审慎监管进行了比较，他指出了宏观审慎监管两个显著的特征：一是宏观审慎监管的目的是限制发生危机时金融体系整体的损失；二是金融系统的总风险取决于金融机构的集体行为。克罗基特将宏观审慎监管分为针对风险随时间变化的时间维度的监管和由于金融机构之间存在相互的关联与相似风险暴露而产生风险的空间维度的监管。

2008年全球金融危机爆发后，国际社会开始对监管体制重新认识。FSB、IMF、BIS将宏观审慎监管定义为运用主要审慎工具限制系统性或系统范围的金融风险，从而降低主要金融服务中断或崩溃的发生率，而这些金融服务的中断或崩溃会对实体经济产生严重影响。[①] FSB、IMF、BIS 还将宏观审慎监管的特征归纳为以下三个要素：一是宏观审慎监管的目的是限制金融服务大面积中断的系统性风险；二是监管范围是将金融系统作为一个整体，包括金融和实体部门的相互作用；三是政策工具和相关治理是运用主要审慎工具针对系统性风险的来源进行校准。[②]

二、宏观审慎监管的必要性

宏观审慎政策的主要目标是维护金融稳定，限制金融体系的系统性风险。系统性风险具有以下两个特征：一是金融体系的风险来源于资本和流动性总量，即周期性风险；二是金融系统内存在的关联性和风险分散性，即关联性风险。正是因为这两个风险的存在，宏观审慎监管才十分必要。

1. 金融体系存在内在的周期性风险

经济上行期，银行资产的价值增长，银行对资产的持有量同时增长，银行对资产的需求提高了资产价格，高杠杆经营也助长了经济周期的扩张。但金融体系的杠杆过大就容易受到由于现金流的突然停止和资产价格发生改变的冲击。如果资本缓冲区不能满足吸收损失的需要，银行就要被迫将杠杆降低，提供外部融资的能力也下降。在经济下行期，一个负面的冲击会动摇存款人的信心，使银行面临挤兑的风险。大规模抛售会使金融资产价格下跌，反过来影响金融机构的资产负债表，加重经济周期的紧缩（Claessens 和 Ghosh，2012）。微观审慎监管是为了增强个体金融机构的稳定性，实际上增加了金融系统的顺周期性。比如，巴塞尔协议Ⅰ对银行的资本要求就有顺周期的风险，因为在经济衰退时期，银行的收益会下降，资本要求增加削弱了银行的放贷能力。此外，巴塞尔协议Ⅱ中的内部评级法对银行资本的要求随着银行估计的贷款违约率和违约损失率的上升而增加，而贷款违约率和违约损失率很大的可能性是在经济周期扩张阶段升高，在收缩阶段降低，从而对银行的资本要求就是在经济上升阶段增加，在经济下行阶段减小，加重了金融系统的顺周期性。

2. 金融机构和金融市场之间的关联性风险

金融体系间的内部关联性会使对某一金融机构或金融市场的冲击向整

---

①② FSB-IMF-BIS, *Macroprudential Policy Tools and Frameworks*, 2011.

个金融体系传播。冲击会通过影响资产价格冲击金融机构的资产负债表或者某一特定种类资产的共同风险暴露。危机期间，如果由于客户的挤兑导致银行流动性不足，银行会变卖自己的资产来获得流动性，这一过程降低了资产的价格，由于资产价格的降低会将风险传染给持有同样资产的银行，经济上行阶段，金融机构的关联性会增加贷款过度的趋势。

巴曙松和王璟怡等（2010）认为，在微观审慎监管体系下存在“对系统性风险监管的缺失”和“对顺周期的无能为力”两大盲点，而宏观审慎监管则能有效地弥补这些盲点。由于以上两种风险的存在，金融体系依靠微观审慎监管不足以维护金融稳定和经济增长。顺周期性的扩张加剧了金融体系的波动，金融市场的内部关联性引发了金融市场的不稳定性。

三、从微观审慎监管到宏观审慎监管

审慎监管是指监管部门为了防范和化解银行业风险，通过一系列周密、谨慎的经营规则规范金融机构行为，评价金融机构风险状况，并及时监测、预警和控制的监管模式。微观审慎监管重点关注个体金融机构的风险，保护个体存款者和金融机构的利益，较少考虑到金融机构对宏观金融体系风险的负面影响。从1988年的巴塞尔协议Ⅰ到2004年的巴塞尔协议Ⅱ，再到2010年的巴塞尔协议Ⅲ，巴塞尔委员会对银行业监管的基本理念发生了很大的变化，银行业监管由注重单个机构的微观审慎监管，向更注重整个银行业稳定的宏观审慎监管转变。

微观审慎监管为了增强个体金融机构的稳定性，强调局部均衡，旨在防止个体金融机构的经营失败可能造成并加剧系统的不稳定。微观审慎监管是公司治理规则的详细规范，微观审慎监管在国家间的协调对全球金融稳定有很重要的意义。微观审慎监管的主要思路是金融机构为自己的政府存款保险提供资金，而存款保险可以有效地防止银行发生危机。存款保险制度激励银行管理者从事风险更高的业务。微观审慎监管就是要将存款保险机构承担损失的可能性降低到足够低的水平（Hanson 和 Kashyap 等，2010）。微观审慎监管机构对资本比率的要求是为了降低银行破产的概率，并不关心资本来源，比如是通过筹集资本还是减少资产增加资本比率。微观审慎监管通过监管和督促来维护个体金融机构的健康性，但健康的微观个体的加总不能保证宏观整体是健康的（周小川，2011）。[①]

全球金融危机显示，一系列处理个体金融机构潜在风险的微观审慎监管和市场纪律，无法确保金融稳定。当个体金融机构的私人成本收益与社会成本收益发生偏离时，关注个体金融机构行为和稳定性的微观审慎监管没有考虑到可能导致系统性风险的溢出效应（Claessens 和 Ghosh，2012）。微观审慎监管导致的金融创新和风险分散化，增加了金融系统的宏观风险（Corsi 和 Marmi 等，2013）。建立健全宏观审慎政策，特别是加强金融监管以及宏观审慎监管是防范和应对系统性风险的重要基础保障。宏观审慎监管是为了控制当多个金融机构面临一个共同的冲击时与资产负债表过度收缩相关的社会成本。宏观审慎监管是为了限制系统性危机的风险和成本。宏观审慎监管认识到了一般均衡效应，将金融系统作为一个整体来维护，旨在对金融失败进行识别、免疫、隔离和干预（Gordon 和 Mayer，2012）。加强宏观审慎监管，并将其与微观审慎监管进行有机结合，标志着金融监管理念和方式的重大调整，这将成为各国金融监管的主要发展趋势。

四、其他国家宏观审慎政策实施和改革

1. 英国宏观审慎政策的实施

2009 年 2 月，英国议会通过了《2009 年银行法》。2009 年 7 月，英国财政部发布了《金融市场改革》白皮书，对微观监管结构的调整、大型金融机构的管理、保护金融消费者利益等方面做出了明确规定。同时白皮书提出，由财政部、英格兰银行和金融服务局代表租场金融稳定委员会。主要评估系统性风险，并且对系统重要性金融机构和金融体系的顺周期性进行监管。2010 年 7 月，英国财政部发布了《金融监管新举措：判断、焦点和稳定》的征求意见稿，其中提出要确保金融体系长期稳定的可持续性的监管目标，并且设立英格兰银行金融政策委员会作为宏观审慎管理机构，并且成立审慎监管局对英国金融体系进行审慎监管。同时成立消费者保护及市场管理局，通过担保和有限公司的形式集中监管整体的金融服务和市场行为。2011 年 2 月，英国财政部又发布《金融监管新举措：建立更强大的体系》，提出了三项改革机制：一是在英格兰银行内部建立新的金融政策

① 周小川：《金融政策对金融危机的响应》，《金融研究》2011 年第 1 期。

委员会，二是成立审慎监管管理局，三是将消费者保护及市场管理局更名为金融行为准则局。2011 年 6 月发布了《金融监管措施：改革蓝图》，通过建立审慎的金融监管机制确保金融体系的长期稳定和可持续性。

2. 欧盟宏观审慎政策的实施

2009 年 5 月，欧盟委员会公布了《欧洲金融监管》计划，并于同年 6 月获得批准，通过了对欧洲金融体系的改革方案，并建立一个新的泛欧洲金融管理体系以避免金融危机的冲击。2009 年 9 月欧盟通过了金融监管改革立法草案，草案中提出建立宏观审慎和微观审慎并重的金融监管体系，并且将其有机结合。新体系由欧洲系统性风险委员会和欧洲金融监管体系两大部分组成。欧盟系统风险委员会主要职能是检测和评估整体性金融稳定风险。欧洲金融监管系统是通过建立更牢靠的、一致性更高的趋同规则提高各国的监管能力，实现对整体金融风险传染的防范和管理。

第二节　宏观审慎监管政策及其工具

周期性风险与关联性风险的同时存在和互相作用加剧了金融风险，宏观审慎监管政策就是要解决这两方面的风险。解决周期性风险的逆周期政策就是为了降低存在于金融体系中的顺周期性；解决关联性风险的截面政策旨在解决由于相互关联和资产负债表的直接联系存在相似的风险暴露而造成的风险集中。

一、逆周期政策

逆周期政策的核心是运用银行资本、杠杆率和拨备等工具，在经济上行时积累以限制扩张，并将积累在经济下行时运用来减缓损失。逆周期政策主要是限制扩张阶段的风险积累，并且吸收危机带来的损失，从而减小经济周期的幅度。

1. 资本要求

逆周期政策中对资本的要求主要包括超额留存资本和逆周期资本缓冲。巴塞尔协议Ⅲ中规定，银行应建立充足的超额留存资本，以吸收损失。还规定，银行留存超额资本比例为2.5%，且由核心一级资本满足。若银行资本水平降至该区间，将限制其收益分配。超额留存资本可以增强经济下行期银行抵御冲击的能力，维护金融系统的稳定，有助于降低顺周期效应。逆周期资本缓冲是将银行的资本与宏观金融形势相结合，目的是在经济上行时构建自我修复机制以“熨平”经济周期。当信贷增长过快及系统性风险开始累积时，可以用超额资本抵御潜在的损失；在系统性风险不存在时不计提超额资本。因此，在经济周期的膨胀和紧缩阶段，逆周期资本缓冲都可以起到稳定器的作用，监管当局应根据系统性风险积累的程度计提逆周期超额资本。

2. 杠杆率要求

如果银行体系的杠杆率过度积累，在经济下行时期，银行体系表内和表外杠杆率的过度积累会使资产价格进一步下降，信贷收缩加剧。最大杠杆率的目的是对金融扩张阶段的不平衡加以限制，巴塞尔委员会将杠杆率初步定为3%。贷款价值比约束和贷款收入比约束也是杠杆率的组成部分。贷款价值比（Loan to Value，LTV）指贷款金额和抵押品价值之比，可反映银行对抵押物的风险预期。贷款价值比约束通过设定上限限制了金融机构超出限额发放抵押贷款，限制了超出抵押品特定价值的抵押信贷增长。此外，对贷款价值比的约束可以随经济运行状况加以改变，如繁荣期限制抵押贷款的过度扩张，萧条时放松，从而“熨平”贷款和房价周期。贷款收入比（Loan to Income，LTI）指贷款金额与借款人的年收入之比。对贷款收入比的约束可限制与收入不相符的抵押贷款的增长，增强银行抵御风险的能力（Bank of England，2011）。

3. 拨备规则

拨备是将商业银行的预期损失计入商业银行的经营资本，拨备可以称为抵御风险的第一道防线。拨备规则包括前瞻性拨备和动态拨备。国际会计准则委员会和美国金融会计准则委员会已发出征求意见稿，认为预期损失拨备方法，即前瞻性拨备，有助于早期识别信贷损失，抑制顺周期性。巴塞尔委员会在其发布的《金融工具会计准则修订指导原则》中，将会计准则拨备模型向预期损失模型转变。动态拨备则是根据经济情况的不同计提不同的拨备，在经济上行时多计提拨备以在经济下行阶段抵御损失，以减少金融体系的顺周期性。

4. 保证金标准

较高的保证金要求可以解决金融顺周期性。在经济上行时期，抵押资产清算时，保证金可以提供信用损失保护。在经济下行期，银行可以缩减信贷额度，降低杠杆率，抑制顺周期性和去杠杆化影响（CGFS，2010）。巴塞尔协议Ⅲ中也规定，当银行大量持有某一交易对手的非流动性衍生产品时，银行必须使用期限更长的保证金，巴塞尔委员会也正在完善抵押品管理和初始保证金标准。通过设置动态的最低保证金有助于增强银行应对顺周期风险的能力。

二、截面政策

截面政策主要是降低由金融机构相似风险暴露所引发的系统性风险的集中程度，政策主要关注的是对个体金融机构的保护。

1. 最低资本和流动性要求

巴塞尔协议Ⅲ对商业银行最低资本要求做出了规定，以避免银行体系因缺乏充足的高质量资本而陷入危机，提高了对损失吸收能力高的资本的要求。对核心一级资本占风险加权资本的比重要求提高到4.5%，一级资本占风险加权资产的比重要求提高到6%。此外，巴塞尔协议Ⅲ还对交易衍生工具、复杂金融工具和表外风险暴露提出了更高的资本要求。这些都为宏观审慎政策应对截面风险提供了强有力的支柱。

逆周期流动性要求主要包括改善商业银行资产负债期限匹配程度和构建新的流动性指标体系。制定额外动态流动性资本要求，通过将流动性资本要求与资金来源和资产负债期限匹配相联系，在经济上行期与下行期，分别制定不同的标准从而缓解系统性风险的积累和传播。巴塞尔委员会（BCBS，2010b）构建了商业银行流动性风险管理和监管的新框架，引入了流动性覆盖率（LGR）和净稳定资金比率（NSFR）两个新指标，并制定了融资流动性的最低标准，有助于确保银行具有充足的、高质量的流动性，有助于增加银行的长期稳定资金的来源。新标准考虑了资产的质量，保证了资产的稳定性和与风险的低相关性。同时，运用各种资产和负债的折算系数来系统分析银行的可用资金比率，是对现有流动性风险体系的重要补充。Perroti 和 Suarez（2009）曾经提出建立动态流动性资本应对顺周期风险，即在经济上行时期制定附加的流动性资本要求，来保障金融体系的流动性和改善金融机构的资产负债期限匹配结构。

2. 对系统重要性金融机构的监管

系统重要性金融机构是指在金融市场中承担了关键功能，其倒闭可能给金融体系造成损害并对实体经济产生严重负面影响的金融机构。这些机构不仅对金融市场，而且对实体经济会产生严重的、持续的影响。对系统重要性金融机构的监管包括资本附加和业务管制等。对系统重要性金融机构的监管主要包括业务管制和资本金要求。美国政府的《多德—弗兰克法案》中规定，银行最多只能运用自身一级资本的3%投资对冲基金和私募股权，并将金融机构农产品掉期、能源掉期和大多数金属掉期等风险较大的衍生交易品种拆分到附属公司。巴塞尔委员会建议对系统重要性金融机构设定1%～2.5%的附加资本金要求，在特定条件下还可追加1%的资本要求，且附加资本必须由普通股权益构成。

3. 对影子银行体系的监管

影子银行体系广义上是指位于正规银行体系之外的信用中介实体及其业务活动；狭义上是指在上述系统中具有系统性风险隐患，包括期限转换、流动性转换、信用风险转移和具有监管套利隐患的实体及其活动。金融稳定理事会（FSB，2012）提出，应该在以下五个领域减少影子银行体系潜在的系统性风险：一是减少常规银行体系和影子银行体系间的溢出效应；二是减少货币市场基金（MMFs）对资金抽离的敏感性；三是评估和减少由其他影子银行实体引起的系统性风险；四是评估和调整证券化的激励机制；五是抑制抵押融资合同如回购协议和在危机期间加剧融资压力的证券借贷的顺周期激励，并对影子银行体系的监管及其在证券借贷和回购方面提出了建议和政策框架。

第三节　逆周期政策实施时间实证分析

逆周期政策是宏观审慎监管体系的重要组成部分，通过将银行资本、拨备、杠杆率等与宏观经济形势相结合来达到降低系统性风险和金融体系顺周期性目的。逆周期政策实施的关键在于准确判断经济形势，以确定政策实施的恰当时间。而这一时间需要通过一定的反映金融体系的顺周期性的指标来确定，对于指标的选择是逆周期政策的重点和难点。如果对经济形势判断失误，则会与政策初衷背道而驰，判断经济周期是扩张还是紧缩阶段对于政策的有效性十分关键。2010年，巴塞尔委员会在巴塞尔协议Ⅲ、逆周期资本缓冲指引和各国监管当局实施逆周期资本缓冲政策指导意见中指出，监管当局应根据系统性风险积累的程度计提逆周期超额资本，计提数量为风险加权资产的 0 ~ 2.5%，且超额资本只包括由普通股一级资本或可以完全吸收损失的资本在内。

一、金融体系的顺周期性

金融体系内在的顺周期性风险是引发 2008 年全球金融危机的原因之一，也是实施宏观审慎监管主要针对的问题。金融体系的顺周期性产生的原因主要是有效市场假设的不存在，有效市场学说的经纪人假设市场总是有效的，投资者是理性的，市场价格反映了市场信息。而现实中，市场不一定是有效的，个体投资者不全是理性的，而信息也存在不对称问题，因此导致了金融体系的顺周期性。个体投资者通常不能对市场价格和市场走势做出准确的判断，因此容易受到其他大部分市场参与者的影响，导致在经济繁荣期的盲目乐观和经济下行期的过度恐慌，造成了金融体系的顺周期性。金融市场的信息不对称使金融机构在经济繁荣期淡化风险，在经济下行期紧缩贷款，使原本合理的投资机会消失，加剧了危机恶化。图 6.1 显示，我国近十余年来，GDP 总量与人民币贷款总量规模大致相似，稳步增长。但是，在 2008 年美国次贷危机爆发之后，我国人民币贷款总量一直高于 GDP 总量，这是因为在此期间政府为了刺激经济，贷款增长率高于 GDP 增长率，进一步分析见图 6.2。

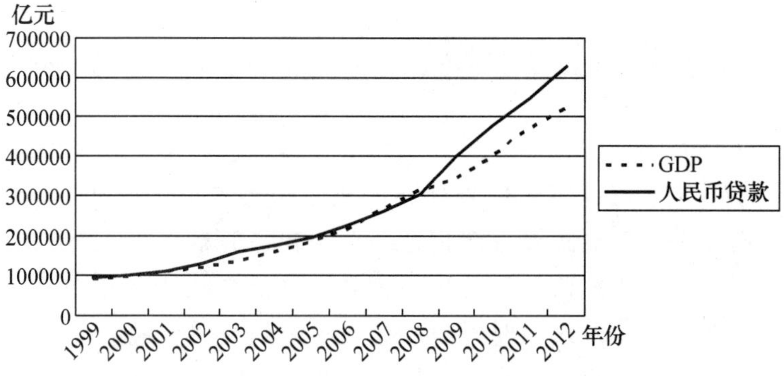

图 6.1　GDP 与人民币贷款趋势

资料来源：中国统计局与人民银行网站。

图 6. 2 所示为 GDP 增长率与人民币贷款增长率曲线。从 2000 年开始，除 2008 年第三季度至 2010 年中，GDP 增长率与人民币贷款增长率变化方向相反以外，其余时间段二者的增长率变化方向基本一致。2008 年受到国际金融危机的冲击，中国 GDP 增长率从 2008 年第一季度的 11. 3%一路下滑到年末的 9. 6%，为了扭转经济下滑的趋势，中国实行了积极的财政政策和适度宽松的货币政策，2009 年末人民币贷款余额为 399684 亿元，较上年增长 27. 56%。图 6. 2 可以反映出一个问题，就是在经济体系正常运行或者政府干预程度较低时，人民币贷款与 GDP 增长之间具有直观上的顺周期特征。当政府大举采取宏观经济政策干预经济时，人民币贷款增长率同 GDP 呈反向变化，体现了金融对经济的调节与纠正的作用。

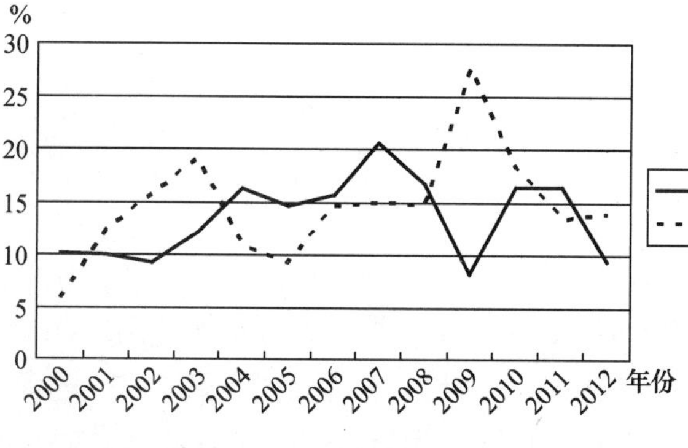

图 6. 2　GDP 增长率与人民币贷款增长率趋势

资料来源：中国统计局与人民银行网站。

二、指标选择

巴塞尔委员会对逆周期资本缓冲的指标进行了翔实的论述，通过大量的数据分析和实证研究得出，用信贷与 GDP 之比来判断经济周期最为合适，并建议利用信贷与国内生产总值的比作为计提逆周期资本缓冲的指标。GDP 为名义 GDP 值，信贷为广义信贷，包括对私营部门的贷款、企业债、公司债、中期票据、短期融资券和资产证券化等。李文泓和罗猛（2010）利用信贷与 GDP 比对中国资本缓冲框架进行了实证分析和初步测算。巴塞尔委员会认为由于各国国情不同，各国可以对逆周期资本政策和其挂钩变量的计算方法进行调整，以选择最适机制。近年来，随着经济的发展和需要，中国融资方式也越发多样化，包括民间借贷、信托贷款、金融衍生品在内的影子银行体系规模也日益壮大，对宏观经济产生的影响不容小觑。所以，社会融资总规模与GDP之比也可以作为逆周期资本缓冲的指标之一。随着社会融资方式的变化和影子银行体系的兴起，运用银行信贷进行计算不足以充分估计到金融体系的发展状况和衡量风险水平。本书将通过以下计算，对信贷和社会融资总规模与GDP之比这两个挂钩变量进行比较，并对产生差异的原因进行分析。

三、模型构建

首先，计算出信贷余额与GDP的比值。

$$R_C = \frac{CREDIT}{GDP} \tag{6.1}$$

$$R_Z = \frac{\text{融资总规模}}{GDP} \tag{6.2}$$

其次，运用HP滤波法计算出R_C与R_Z的长期趋势$TREND_C$与$TREND_Z$，并计算出其差值GAP_C与GAP_Z。在运用HP滤波法的过程中，巴塞尔委员会对运用季节模型的λ值建议设置为400000，此值最能反映长期趋势，最为有效。

最后，根据计算所得GAP值确定应计提的缓冲资本的数量。当GAP小于2%时，则不需要计提逆周期缓冲资本，当GAP处于2%～10%时，GAP每提高1%，则多计提0.3125%的缓冲资本。当GAP大于10%时，则计提2.5%的缓冲资本。

四、实证分析

本研究选取了从2002年第四季度至2013年第一季度共42个数据分析信贷总量和融资总量之间的区别与联系。从图6.3中可以看出，GAP_C与GAP_Z数值上升或下降趋势大致相同，只是存在幅度的差异。图6.3中虚线为计提逆周期缓冲资本的临界点2%。由图6.3可知，中国需计提逆周期缓冲资本的时间段大致集中于 2002 ~ 2005 年、2009 年末至 2011 年和 2012 年末至今。

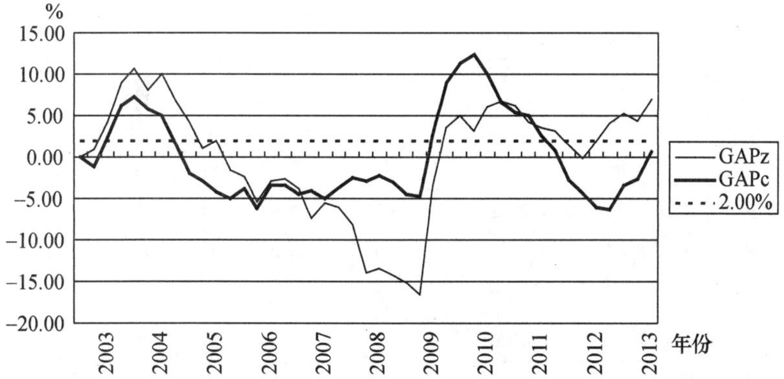

图 6.3　GAP_C 与 GAP_Z 趋势

资料来源：根据国家统计局和中国人民银行及本章模型计算而得。

表 6.1 详细列出了通过两种方法计算所得的需要计提逆周期资本的时间段和具体数量。第一阶段计提逆周期缓冲资本时间为 2003 年和 2004 年。中国经济从 2002 年进入扩张期，2003 年政府开始实施积极的财政政策和适度稳健的货币政策，2003 年我国国内生产总值达到 116694 亿元，同比增长 9.1%，固定资产投资也增长迅速，总体来看，2003 年中国经济进入新一轮的上升期。2004 年中国的投资、消费、物价水平继续上升，货币供应量也增长加快，经济进入繁荣期，但从 2004 年第二季度起，开始实施紧缩性宏观调控政策，控制经济的过热增长，故从 2004 年末信贷和融资数量开始回落，缺口值也开始下降，之后的 2005 ~ 2008 年的 4 年中，伴随着紧缩的宏观政策和国际金融危机的考验，我国经历了一个宏观经济平稳发展的阶段，缺口值都处于一个较低的水平。直到 2009 年，受到国际金融危机的冲击，中国为了刺激宏观经济，实施了一系列积极的财政政策和宽松政策使货币供应量快速增长，信贷投放环境趋于宽松，从 2009 年第二季度开始，信贷和融资处于一个相对扩张阶段，需要计提逆周期缓冲资本。从 2012 年开始，中国的 GDP 增长率一直维持在 7% ~ 8%，经济增长放缓，人民银行于 2012 年 6 月 7 日和 7 月 5 日连续两个月下调一年期存款基准利率以达到刺激经济的目的。故从 2012 年第二季度开始，信贷总量较 GDP 增长加快，需要计提逆周期资本缓冲。

表 6.1　逆周期资本缓冲数值　　单位:%

日期	GAP_C	逆周期资本	GAP_Z	逆周期资本	GDP 增长率	GDP 偏离值
2002 年第四季度	0.89	0.00	-1.15	0.00	9.1	-2.41
2003 年第一季度	4.20	0.69	2.43	0.13	10.8	-0.68
2003 年第二季度	8.96	2.17	6.20	1.31	9.7	-1.75
2003 年第三季度	10.67	2.71	7.26	1.64	10.1	-1.32
2003 年第四季度	8.04	1.89	5.75	1.17	10	-1.39
2004 年第一季度	10.05	2.52	5.05	0.95	10.4	-0.96
2004 年第二季度	6.66	1.46	1.59	0.00	10.9	-0.43
2004 年第三季度	4.15	0.67	-2.03	0.00	10.5	-0.80
2004 年第四季度	1.10	0.00	-2.95	0.00	10.1	-1.16
2005 年第一季度	1.97	0.00	-4.23	0.00	11.2	-0.03
2005 年第二季度	-1.61	0.00	-5.02	0.00	11	-0.19
2005 年第三季度	-2.30	0.00	-3.79	0.00	11.1	-0.05
2005 年第四季度	-5.38	0.00	-6.14	0.00	11.3	0.19
2006 年第一季度	-2.87	0.00	-3.43	0.00	12.4	1.33
2006 年第二季度	-2.58	0.00	-3.38	0.00	13.1	2.08
2006 年第三季度	-3.78	0.00	-4.48	0.00	12.8	1.82
2006 年第四季度	-7.34	0.00	-4.14	0.00	12.7	1.78
2007 年第一季度	-5.57	0.00	-5.00	0.00	14	3.13
2007 年第二季度	-6.04	0.00	-3.75	0.00	14.5	3.69
2007 年第三季度	-8.16	0.00	-2.48	0.00	14.4	3.65
2007 年第四季度	-13.90	0.00	-2.95	0.00	14.2	3.51
2008 年第一季度	-13.41	0.00	-2.21	0.00	11.3	0.68
2008 年第二季度	-14.20	0.00	-3.04	0.00	11	0.45
2008 年第三季度	-15.08	0.00	-4.45	0.00	10.6	0.13
2008 年第四季度	-16.63	0.00	-4.69	0.00	9.6	-0.80
2009 年第一季度	-3.39	0.00	2.60	0.19	6.6	-3.72
2009 年第二季度	3.61	0.50	8.90	2.16	7.5	-2.74
2009 年第三季度	4.99	0.93	11.38	2.93	8.2	-1.96
2009 年第四季度	3.09	0.34	12.37	3.24	9.2	-0.88
2010 年第一季度	6.00	1.25	9.98	2.49	12.1	2.11

续表

日期	GAP_C	逆周期资本	GAP_Z	逆周期资本	GDP 增长率	GDP 偏离值
2010 年第二季度	6. 74	1. 48	6. 63	1. 45	11. 2	1. 29
2010 第第三季度	6. 24	1. 33	5. 44	1. 08	10. 7	0. 88
2010 年第四季度	4. 27	0. 71	4. 96	0. 93	10. 4	0. 67
2011 年第一季度	3. 51	0. 47	2. 61	0. 19	9. 8	0. 16
2011 年第二季度	3. 14	0. 36	0. 84	0. 00	9. 7	0. 15
2011 年第三季度	1. 49	0. 00	-2. 72	0. 00	9. 5	0. 04
2011 年第四季度	-0. 19	0. 00	-4. 35	0. 00	9. 3	-0. 07
2012 年第一季度	2. 01	0. 00	-6. 03	0. 00	8. 1	-1. 18
2012 年第二季度	4. 10	0. 66	-6. 26	0. 00	7. 8	-1. 39
2012 年第三季度	5. 21	1. 00	-3. 38	0. 00	7. 7	-1. 39
2012 年第四季度	4. 35	0. 73	-2. 63	0. 00	7. 8	-1. 20
2013 年第一季度	6. 97	1. 55	0. 69	0. 00	7. 7	-1. 21

资料来源：根据国家统计局和中国人民银行及本章模型计算而得。

信贷/GDP 与融资总量/GDP 对宏观经济整体的判断基本一致，但是仍存在个别月份的偏差，而且对于具体计提的逆周期资本数量方面也存在一定的差别，在实际的运用中，可以将两个变量结合起来使用。在观测中，可以首先观测哪一个变量开始到达临界点，计提资本的数量也可以取中间数。总而言之，谨慎选择和运用相关指标，对于降低金融体系的顺周期性和减少系统性风险具有十分重要的意义。通过分析发现，从 2002 年至 2013 年第一季度，出现 3 次需要计提逆周期资本缓冲的时间段，可以总结逆周期资本缓冲的计提主要有两个原因，一是宏观经济增长速度过快，二是由于中央银行的货币政策导致信贷规模较 GDP 快速增长。宽松的货币政策会促进信贷规模的增长，而此时计提逆周期资本缓冲会抵消政策效果。观察 GDP 增长率可以看出，中国经济增长只在 2006 年第一季度至 2007 年第四季度处于高速增长期，GDP 偏离值均大于 1，根据逆周期政策的定义及目的，应该在此时计提逆周期资本缓冲，而运用信贷/GDP 这一指标并没有对此阶段做出缓冲资本要求。所以，本书认为，逆周期资本缓冲还应结合 GDP 增长率等其他能够刻画宏观经济形势的经济变量来准确界定。

第四节 中国宏观审慎监管政策的实施

在全球金融危机的背景下，金融监管规则开始改进，加强宏观审慎监管和防范系统性风险是新阶段监管改革工作的重点。中国银监会一方面从加强银行内部控制制度、公司治理和风险防范体系入手，关注个体银行的风险管理水平；另一方面致力于构建系统性风险防范体系，强化银行业宏观审慎监管。

一、加强风险管理，重视宏观审慎监管

中国银监会的主要职责中包括制定银行业审慎经营规则，坚持以风险监管为主，提高金融业监管水平，改进监管方法，重视对金融机构总体风险的把握和化解。2011 年，《中国银监会关于中国银行业实施新监管标准的指导意见》（银监发［2011］44 号）中提出，要将宏观审慎监管与微观审慎监管相结合，合理制定有关资本充足率、流动性、杠杆率和贷款损失准备的标准，充分体现逆周期监管要求，反映银行等金融机构面临的个体风险和系统性风险。2012 年，在中国人民银行、银监会、证监会、保监会和国家外汇管理局共同编制的《金融业发展和改革“十二五”规划》中提出，完善金融宏观调控，建立健全金融宏观审慎政策框架，防止风险跨境传播，并结合中国国情建立逆周期政策框架，防范系统性风险。还提出要建立逆周期缓冲资本，完善前瞻性拨备制度，强化杠杆率工具的运用，加强对系统重要性金融机构和影子银行体系的宏观审慎管理。

二、提高资本水平，建立动态资本监管机制

中国银监会遵循巴塞尔协议Ⅲ中资本充足率的有关规定，在《商业银行资本管理办法（试行)》（银监发［2012］1 号）中对过渡期内我国各银行的资本充足率要求进行了规定。该资本管理办法规定我国商业银行的核心一级资本充足率为 5%，一级资本充足率为 6%，资本充足率为 8%。同

时，根据逆周期监管需要，增加商业银行超额资本储备，储备资本达到2.5%。根据经济周期的不同阶段，动态对逆周期资本进行计提，逆周期资本计提范围为0～2.5%。对系统重要性金融机构附加1%的资本要求（我国银监会确定的国内系统重要性金融机构包括中国银行、工商银行、建设银行、农业银行和交通银行）。该办法于2013年1月1日起施行，2018年完成。

三、限制杠杆率，建立动态贷款价值比率

金融体系过高的杠杆率是诱发金融危机的原因，《商业银行杠杆率管理办法》（银监发［2011］3号）将杠杆率定义为，商业银行持有符合有关规定的一级资本和商业银行调整后表内外资产余额的比率，并规定了杠杆率的计算方法为一级资本与一级资本扣减项的差与调整后表内外资产余额的比。规定商业银行并表和未并表杠杆率不得低于4%。该办法于2012年1月开始施行，系统重要性银行于2013年底前达到监管要求，非系统重要性银行于2016年底前达到监管要求。银监会同时要求银行也要控制房地产开发商贷款数量，将非首套房贷款价值比率下降为60%。

四、提足拨备，建立动态拨备制度

银监会要求商业银行将贷款拨备覆盖率作为控制风险的底线要求，将贷款准确分类，确保贷款拨备的有效性。截至2013年5月末，中国商业银行的拨备覆盖率达到291.95%。《金融企业准备金计提管理办法》（财金［2012］20号）中规定，准备金即为拨备，是指金融企业对承担风险和损失的金融资产计提的准备金，包括资产减值准备和一般准备。中国银监会鼓励金融企业运用动态拨备原理，采取逆周期计提办法，在宏观经济上行周期多计提拨备，下行时少计提拨备，以达到增强财务缓冲能力和用拨备吸收损失的目的，以缓解经济周期对银行带来的冲击，增强抵御风险的能力。该办法还规定，一般准备余额不低于风险资产期末余额的1.5%。标准法规定的风险系数为正常类1.5%、关注类3%、次级类30%、可疑类60%、损失类100%，已于2012年7月1日起施行。《商业银行贷款损失准备管理办法》（银监发［2011］4号）中规定，贷款拨备率为贷款损失准备与各项贷

款余额之比，拨备覆盖率为贷款损失准备与不良贷款余额之比。贷款拨备率不低于2.5%，拨备覆盖率不低于150%，已于2012年1月1日起施行，系统重要性银行应于2013年底前达标，非系统重要性银行最晚在2018年前达到监管标准。

五、完善流动性监管制度

为了提高中国商业银行流动性风险管理的专业化和经济化水平，增强银行体系应对流动性风险的能力，中国银监会于2012年开始实施《商业银行流动性风险管理办法（试行）》，给出了商业银行流动性风险管理的整体框架和具体程序及指标，使商业银行可以有效地识别、计量、检测和控制流动性风险，维护金融体系安全稳健运行，并且于2013年10月11日再次向社会公开征求意见以完善商业银行流动性风险管理。构建了流动性风险监管指标体系，这些指标包括流动性覆盖率、净稳定资金比率、存贷比和流动性比率，监管标准分别是不低于100%、不低于100%、不高于75%和不低于25%。

在调控银行业流动性的宏观金融工具方面，人民银行调节银行体系流动性的常规工具在公开市场操作、再贷款和再贴现调节银行体系流动性外，于2013年1月18日宣布启用短期流动性调节工具（Short-term Liquidity Operations，SLO）和2013年1月常备借贷便利（Standing Lending Facility，SLF）等创新工具组合平稳短期的流动性波动，为金融体系和经济体系的平稳运行创造良好的货币条件。

自此，中国宏观审慎监管政策框架工具主要由资本要求、逆周期资本准备、杠杆率、拨备率和拨备覆盖率及流动性管理指标构成。

第五节　宏观审慎监管政策的宏观效应

随着金融创新步伐的加快和金融体系复杂性的增加，单有微观层面的金融监管和稳定已经不能保证整个金融体系的稳定性。宏观审慎监管从金融体系的整体性、行业性和全局性出发，对整个宏观金融层面进行监管，重点关注金融机构之间的相互作用关系和面临的共同风险，进而增强金融系统整体的稳定性，防范系统性金融危险。

一、逆周期政策的宏观效应

金融体系的顺周期性使金融体系通过过多的信贷供应、不断攀升的资产价格、杠杆率和到期日的不匹配，在经济上行期积累了许多风险隐患。如果金融机构没有在合适的时间建立充足的缓冲，当经济衰退时，会引发普遍的金融危机，同时会被大幅地去杠杆化，降低了信用和关键金融服务对经济的提供。宏观审慎监管的逆周期政策针对不同的经济周期阶段制定相应的监管标准来削弱周期效应强度，起到经济缓冲器的作用，有助于消化金融市场产生的负面冲击，减少由于借贷双方信息不对称、银行对风险评估存在偏差产生的风险，减缓顺周期效应，促进经济的稳定和持续发展。逆周期监管机制同时可以削弱经济周期的振幅，缓解银行融资渠道和融资成本与经济周期平行的传统规律，分散不同经济阶段的压力，“熨平”经济周期。

二、截面政策的宏观效应

1. 提高资本和流动性要求的宏观效应

宏观审慎政策工具中增加资本和提高流动性的要求在短期内会增加银行运营成本，降低金融体系效率，削弱本国银行的国际竞争力，同时抵消其他宏观政策对经济刺激效果。当银行面临资本需求时会通过留存收益和发行股票或者减少非贷款资产来提高资本水平，在短期内银行会增加向借款人收取的利息或减少新增贷款的数量。银行贷款成本的增加和供给的减少会短暂地影响经济增长，尤其是在很大程度上依赖银行贷款的部门。资本和流动性的增加意味着贷款息差同幅度的改变，高息差和更严格的贷款标准将减少家庭和企业的消费，在没有额外的非价格限制时会增加银行的信贷成本，在短期内抑制消费和投资支出，而投资和消费又会影响产出稳定。同时，为了满足流动性覆盖率，银行要增加对高流动性低收益资产的持有。净稳定资金比率会延长银行的资产负债期限结构。这些会降低银行的盈利能力和面临存贷息差上升的压力。

宏观审慎政策工具中增加资本和提高流动性要求的正面效应主要体现在长期阶段。首先，由于银行风险降低，成本和贷款数量都会恢复到以前的水平来扭转短期内对消费和投资造成的不利影响。同时，高资本和流动性要求会导致较低的债务和股权成本，进而影响银行缴纳所得税的数量。其次，一个稳健的银行体系不易陷入困境遭遇危机。更为严格审慎的监管标准会减小经济周期的幅度，从而使金融机构稳健运行，实体经济机构的产出波动减小。金融危机给整个宏观经济带来的影响不言而喻，而系统性的金融危机的代价更是十分高昂，长期成本可能会高达全年国内生产总值的数倍（BCBS，2010c）。较高的资本要求和流动性降低了银行危机的可能性及危机的严重程度，减小经济周期的幅度。除了降低银行发生危机的可能性，高资本和流动性标准通过增加金融体系的弹性来缩小经济周期的幅度，而这一影响又可通过逆周期资本缓冲来加强。

2. 对系统重要性金融机构的监管宏观效应

由于系统重要性金融机构在规模、跨境活跃程度、关联度、可替代性和复杂性方面的特点，导致其对其他金融机构和宏观经济体系的运行具有强烈的负外部性，主要表现为它的倒闭存在着巨大的系统性风险，不但会使其他金融机构遭遇危机，而且会使整个金融体系陷入困境。宏观审慎监管政策对系统重要性金融机构的资本、拨备和业务管制方面的要求可以在很大程度上将系统重要性金融机构的负外部性内在化或者减轻其负外部性。通过对系统重要性金融机构的监管可以降低其破产倒闭的可能性和系统性风险，保护与其业务相关的各金融机构和实体企业，降低政府的救助成本，保护纳税人利益和市场参与者信心，维护全球金融市场和全球经济的稳定。

3. 对影子银行体系监管的宏观效应

影子银行体系能够在为市场参与者提供多种金融服务的同时平衡社会资金供求，推动整体金融市场发展，但由于其高杠杆性和低透明度等特征，影子银行体系在短期快速成长的同时，积聚了大规模的风险，并给整个金融市场和宏观经济带来了极大的冲击和难以估量的损失。对影子银行体系的监管可以减少常规银行体系和影子银行体系间的溢出效应，抑制抵押融资合同，如回购协议和在危机期间加剧融资压力的证券借贷的顺周期激励，避免常规银行体系将资金投向具有高杠杆性、过度的流动性转换和期限转换的影子银行体系，减少大量资金在金融系统内部空转套利现象。降低常规银行体系的流动性风险，维持银行间借贷市场和存贷供求的稳定。

三、宏观审慎监管框架实施的难点与挑战

1. 造成一定程度的监管套利

因为宏观审慎政策对银行监管的要求既增加了银行在日常管理中的复杂程度，也在短期内限制了其盈利能力的进一步扩张。但在宏观审慎政策的推行过程中，由于不同国家、地区和部门对政策的执行程度和执行能力方面存在较大的差异，对较为发达经济体的宏观审慎工具和新兴经济体宏观审慎工具的具体要求和时间限制如果存在较大差异的话，则会引发监管套利行为，造成金融资源的不平衡和不公平。

2. 国家间协调机制的建立和监管成本的确定

宏观审慎监管机制从地区上看，涉及全球大多经济体和金融机构，从监管部门来看，则涉及中央银行、财政部及具体金融机构的分管部门。宏观审慎政策的真正贯彻落实取决于各监管部门之间的协调与沟通。如果协调机制无法建立或难以落实的话，就对宏观审慎政策真正发挥作用有了一定的限制。而协调机制的建立和监管成本的确定又存在一定的难度，如何建立高效、低成本的协调机制是各个监管部门需要进一步探索的问题。

3. 宏观审慎政策框架的改进和完善

目前现行的宏观审慎政策中会有不全面或难以落实的地方，并且缺乏明确具体的宏观审慎工具的规定。在具体实施宏观审慎政策的过程中，通过实施效果的反馈进一步加强和改进宏观审慎政策体系，深入完善宏观审慎政策理论，建立符合各经济体自身发展状况的政策框架也是监管当局下一步工作的重点和难点。

第六节　小结

全球金融危机的爆发使一系列用于处理个体金融机构潜在风险的微观审慎监管措施再也无法确保整个金融体系的稳定。因此，建立健全宏观审慎监管体制，特别是加强金融监管以及宏观审慎监管，是防范和应对系统性风险的基础。宏观审慎政策的主要目标是维护金融稳定，限制金融体系

的系统性风险。宏观审慎政策目的是解决两个维度的风险，即风险随时间变化的周期性风险和特定时点金融体系的风险分布关联性风险。逆周期政策工具为了降低存在与金融体系中的顺周期性，而截面政策工具旨在解决由于相互关联和资产负债表的直接联系存在相似的风险暴露而造成的风险集中。应对周期性风险的政策工具主要有超额留存资本、逆周期资本缓冲、杠杆率限制、流动性标准和预期损失准备等。应对关联性风险的政策工具主要有对系统重要性金融机构的监管和影子银行体系监管。我国在宏观审慎监管政策的制定和实施过程中，应充分吸取美国金融危机的经验和教训，借鉴先进国际管理经验，结合我国自身的金融经济情况，认识到宏观审慎政策工具可能带来的积极与消极的宏观效应，防范系统性风险，为我国经济繁荣稳定发展提供保障。

第七章　金融产品创新宏观效应的传导机制及应用

由具体金融产品过度创新引发的2007年美国次贷危机，在经济全球化背景下迅速波及欧洲和亚洲国家乃至全球经济体系，这不仅给美国经济造成重创，而且对世界经济造成了深远的消极影响。究其原因，就是金融创新过度和监管当局对金融创新产品的监管模式存在缺陷及对整个金融系统性风险的监管不力。在金融创新的历史河流中，金融产品创新只是属于金融创新的分类之一。金融产品的创新给世界经济带来的影响也一直是学术界讨论的热点。在金融创新发展的过程中需要充分估计到其对整个社会经济产生的宏观效应，才能更好地发挥其积极作用，完善金融体系，促进经济发展。本章主要研究金融创新与经济发展、货币供求、金融风险及福利效应四个方面的宏观效应，研究金融创新的宏观效应及其传导机制，分析我国金融产品创新的现状及存在的问题。

第一节　金融产品创新宏观效应的理论分析

金融产品创新的效应可以分为微观效应和宏观效应两个方面。金融产品创新对于微观经济的效应表现在以下几个方面：首先是投资者和发行者运用金融产品创新的工具可以规避风险和进行投机、套利；其次是利用金融产品创新工具增加资产的流动性，降低交易成本；最后是金融产品的创新也能够减少信息不对称的问题。但是，在金融产品创新的宏观效应讨论中，存在较大分歧。Tufanoc（1995）结合案例论证了金融产品创新促进了社会经济的发展。Pawley（2003）等提出，创新使广义货币总量（M3）难以确定，削弱了货币政策的实施效果。Saunders（2006）提出，风险转移但并不消失，可能造成未来的金融危机。Horne（2008）指出，过度创新会增加社会成本以及出现“泡沫现象”。金融创新可以使金融市场更加完善，家庭、企业和政府通过金融市场在分担风险、互惠互利的基础上找到最适合自己的投资和资金支持。[①] 世界经济论坛（World Economic Forum）以上述概念为基础，认为金融创新不仅从为实体经济提供资金支持、推动包容性、提高经济效率和平衡跨部门经济风险等方面产生正效应，同时从消费者利益损害、机构破产、系统性风险和市场诚信损失等阐述了金融创新的负面效应。[②] 金融创新产品的增多，不仅促使整个金融业不断发展，而且对宏观经济也产生深刻的影响；反过来，宏观经济也对金融产品创新有一定的促进作用。

本节从金融创新与经济发展、货币供求、金融风险及福利效应四个方面论述金融创新的宏观效应。

一、金融创新与经济发展

金融创新是社会经济发展的一把“双刃剑”，纵观整个金融史我们不得不承认，虽然金融创新会增加金融体系风险，加大金融危机发生概率，但金融创新仍是推动经济发展和社会进步的重要动力。金融创新同经济发展之间的关系主要是建立在金融与经济内在关系上的，只有充分理解金融与经济的关系才能探讨金融创新与经济发展之间的关系。

1. 金融创新与金融发展

金融发展与金融创新是密切相关的两个变量，金融发展是金融规模的增长和金融制度的演进，表现为金融效率的改进和功能的增强。金融发展也是由金融工具、金融机构的形式、性质及规模等构成的一国金融结构的变化。[③] 金融发展是金融创新累计时间和空间的加总，金融发展涵盖了历史上所有的金融创新。在一定意义上的金融发展过程即金融创新的发展过程。

---

① European Central Bank, *The Role of Financial Markets and Innovation in Productivity and Growth in Europe*, No. 72 , 2007.

② World Economic Forum, *Rethinking Financial Innovation*, Route de la Capite CH – 1223 Cologny/ Geneva, Switzerland. 2012, pp. 91 – 93.

③ 戈德史密斯：《金融结构与金融发展》，周朔等译，上海人民出版社 1994 年版。

度量金融发展水平最直观的量是一国的金融资产总量，喻平（2004）将金融资产总量用狭义货币、金融机构资金运用、债券余额、股票流通市值和保费余额来度量。本书将金融资产总量定义为狭义货币 M1、金融机构资金运用、中央结算公司的债券托管量、股票流通市值和保险业资产总额之和，其涵盖了我国主要的金融市场资产总量。我国金融资产总量从 1978 年的 3418 亿元，增长到 2013 年第一季度的 1888747 亿元，增长了 552 倍。而国内生产总值从 1978 年的 3645 亿元到 2013 年第一季度的年化值 529690 亿元，也增长了近 145 倍。显然，我国金融资产总值增长的速度远远大于 GDP 的增速（见图 7.1），金融发展明显快于经济的发展，金融资产总量的迅速增长表明，实体经济资产逐步被金融资产所取代，交易和投资活动逐步通过金融资产来实现。

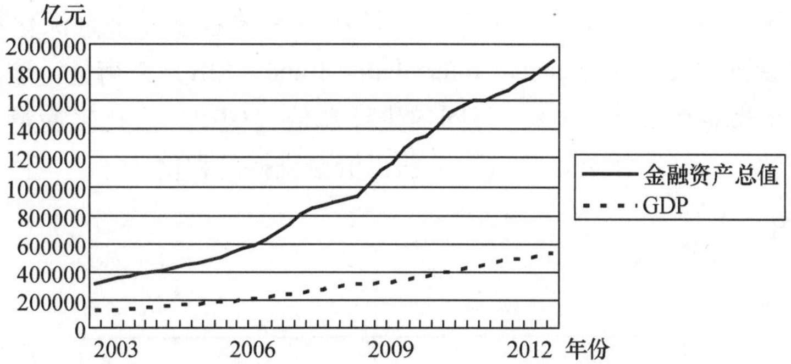

图 7.1　金融资产总值和 GDP 变化趋势

资料来源：据中国人民银行、银监会、保监会、证监会和统计局网站提供的数据绘制。

2. 金融创新与金融深化

金融深化是对现行金融体制的变革，属于广义范畴的金融创新，是指政府降低对金融体系的过度干预，放松利率和汇率管制，从而增加储蓄和投资促进经济增长。美国经济学家爱德华·肖 1973 年出版著作《经济发展中的金融深化》，书中针对发展中国家的状况提出金融改革建议。金融深化理论认为，在金融创新过程中，利率和汇率的相对价格扭曲被纠正，以此促进社会闲散资金流向高效益的实体经济，从而促进经济的发展。经济发展又反过来促进金融体系的发展，通过金融体系发展和经济发展的良性循环来实现金融深化。国际货币基金组织（IMF，2011）将金融深化的内涵概括为以下三个方面：一是监管部门和金融机构使用一系列金融市场中的储蓄和投资的决策。二是在不造成资产价格和流动性相应波动的条件下，金融机构和金融市场可以获得更大的资本量和利润。三是金融部门以分散风险或对冲为目的创造金融产品，金融深化允许投资者投资于优质的投资和风险分担产品，并允许借款人对融资和风险管理产品进行创新。金融深化可以通过限制资产价格波动、寻找替代性资金来源和减少储备资金的需求来推动一国经济发展和金融稳定。同时，金融深化也涉及金融危机的发生率和危机成本。在金融深化的初始阶段，监管者要建立储备缓冲区，限制资本的流动性和限制汇率的灵活性，可能造成较高的危机风险和监管成本。但是在长期中，通过灵活的汇率制度，开放的资本账户和储备较小的缓冲区，使危机发生的概率下降。

一国的金融发展水平、金融在经济中的重要程度及金融深化程度都可以通过金融相关比（Financial Interrelation Ratio，FIR）来衡量，该指标通过一国的金融资产总量（FA）与国内生产总值（GDP）之比来衡量，金融相关比反映了经济主体通过金融渠道获得资金支持的程度。

$$FIR=\frac{FA}{GDP} \tag{7.1}$$

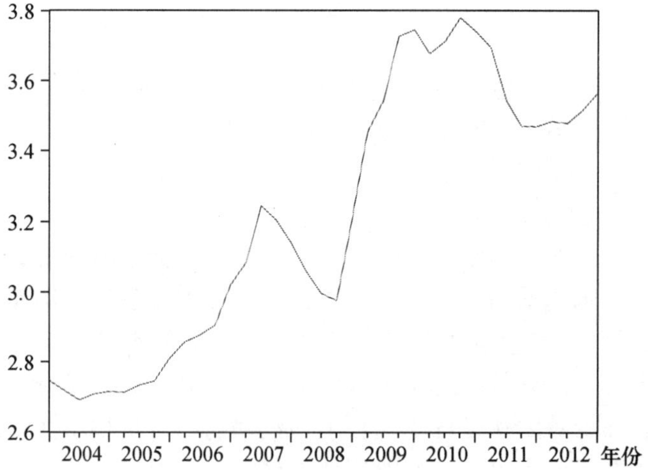

图 7.2　金融相关比趋势

由图7.2可知，2004~2007年我国的FIR处于上升阶段，但从2008年初FIR开始下降，2008年GDP季度同比增长速度还维持在一个较高的水平，第一季度到第四季度分别为11.3、11、10.6和9.6，但是金融资产总值的增长速度开始下降。由此可见，2008年我国的经济形势可能已经受到了金融危机的冲击，这一冲击还未影响到国内生产总值，但是已经影响到了金融资产总值，导致FIR从2007年第三季度至2008年末处于下降阶段，可见金融资产总值较国内生产总值对于经济形势变化更为敏感。FIR此后便一直保持上升趋势直至2011年。从2011年起FIR又开始下降，2011年我国的GDP同比增速一直保持在9%以上，与2010年相比下了一个台阶，而2012年GDP增长速度徘徊在7%~8%，经济增长水平放缓，宏观经济面临着巨大的下行压力，金融资产总值的增长速度也开始放缓。由此可见，经济增长的速度也会影响到金融资产总值。通过以上分析可以看出，金融发展水平对于宏观经济的敏感程度在一定程度上领先于国内生产总值，而经济发展也会反过来影响金融发展水平。

3. 金融创新对经济发展的正负作用

（1）金融创新对经济发展的正面作用。金融创新对金融资源的开发和利用有促进作用，并通过对实体经济的货币支持，成为推动经济发展的重要力量之一。首先，金融创新可以提高经济效率，提高货币周转速度，增加融资渠道，提高企业获取资金的能力。同时，通过分散和转移金融风险，吸收规模更大的存款和提升负债水平，使金融机构可以运用的资金增多，将更多的资金转移到生产领域或实体经济，促进经济发展。其次，金融创新促使了各种分散金融风险工具的出现，提升了各企业和投资者等经济主体抵御风险的能力，降低了产出波动和损失概率。最后，金融制度创新使金融机构体系不断产生新型的金融机构，多元化金融机构并存，增加了金融机构的竞争强度，促使各机构通过多种服务支持实体经济发展。

（2）金融创新对经济发展的负面作用。金融创新如利率市场化和互联网金融的盛行增加了存款人对资金的利率要求，当银行的存款利率被动走高后，企业的贷款利率也会水涨船高，企业的成本增加，中小企业贷款会更加困难。另外，非法热钱流入的驱动性加强，人民币汇率走高，出口受影响，同时潜在的汇率动荡因素增强了。

金融创新在缺乏有效监管情况下的过度发展在一定程度上会导致货币经济无限扩张，金融风险不断积累，最后导致金融危机甚至经济危机。首先，金融创新使金融产品多样化，许多金融创新产品都具有相当大的流动性和高杠杆性，但是一旦其中的某一环节出现问题或者宏观经济发生动荡的话，金融机构的去杠杆化和出于自身资金的需要或者抵御风险的需要，流动性会在短时间内短缺甚至消失，流动性短缺不仅对于金融机构是一个相当严重的问题，由其引发的对实体企业的贷款挤出和借贷成本上升，也影响了宏观经济的运行。其次，由创新引发的金融危机对经济的影响是巨大的。美国道琼斯工业指数在 2008 年次贷危机全面爆发以后从 13000 点跌至 2009 年初的 7000 点，标普 500 指数也从 1400 点跌至 700 点。美国股市的全面下跌不仅影响了其宏观经济，而且对全球经济也造成了严重的影响，2008 年第四季度和 2009 年第一季度，全球 GDP 下降超过 6%。由于危机造成了全球经济增长放慢使商品需求降低，2008 年下半年，基金组织商品价格指数下跌近 55%。2009 年，发达经济体通胀降至 1% 以下，失业率也升至 8.5%。同时，政府对危机机构的救助成本也是巨大的，这些救助成本在引起货币贬值、纳税人遭受损失的同时会影响到消费和投资，进而影响到经济增长。国际货币基金组织在 2008 年估计美国次贷危机会造成全球经济约 1 万亿美元的直接损失。

（3）金融创新对经济发展影响的辩证关系。创新是金融发展与经济增长最为重要的源泉，如果离开创新，那么经济的发展就只能原地踏步。金融创新与经济可持续发展具有相辅相成、辩证统一的关系。金融创新对经济发展的影响既有促进的一面，也有阻碍的一面。但总体而言，金融创新通过提高金融机构和金融市场的运作效率，促进了金融制度的进步，增强了金融在社会经济生活中的地位和对经济发展的推动作用。金融创新改变了人们的生活方式，为人们的日常生活提供了极大的便利；改变了企业的运作方式，推动了现代企业制度的发展。同时，要正视创新所带来的负面影响，充分估计金融创新在经济发展过程中带来的损失和潜在的风险才能更好地利用金融创新这一过程推动经济发展。

二、金融创新与货币供求

1. 金融创新对货币需求的影响

金融创新通过对金融工具和支付结算系统的创新减少了货币需求。一些具有高流动性的金融产品创新，如货币市场共同基金，可转让支付命令账户等在提供收益的同时满足了人们的流动性需要，从而使货币需求减少。此次美国次贷当中的结构化金融产品 MBS、ABS 和 CDO 等，由于其具有的流动性转换与期限转换作用，满足了人们的流动性偏好，使货币需求结构发生了很大变化，减少了用于购买商品和劳务的商业性货币，增加了用于投资和投机的金融性货币和高流动性金融工具的持有，从而使货币需求量下降。同时，在金融电子化背景下，网上银行、电子银行、自动存取款机等广泛普及，也减少了对货币的需求。

2. 金融创新对货币供给的影响

货币供给指的是一国经济中可用于各种交易的货币总量，包括现金、存款、商业票据、国库券等。中央银行为了便于宏观经济运行的检测和货币政策的操作，根据流动性的不同将货币供给分为若干层次，金融创新对不同层次的货币供给的影响也是不尽相同的。

金融创新中产生的新型金融机构丰富了金融工具和金融机构的种类，扩大了货币供给的主体，如保险公司、跨国金融机构、投资基金公司、融资担保公司。金融创新使货币流向的领域增加，所以导致了包括流通中的货币（M0）、狭义货币（M1）、广义货币（M2）减少。上述货币供给减少的部分流向了其他具有存款创造功能的金融机构，从而使更为广义的货币供给量增加。同时，金融创新使货币供给乘数（k）增加（陈子季，2000）。

$$k = \frac{1 + R_c}{R_e + R_d + R_c} \tag{7.2}$$

其中，R_d 为法定存款准备金率，R_e 为超额准备金率，R_c 为现金在存款中的比重。金融创新使商业银行的超额准备金下降，通过转换成高流动性的金融产品减少持有超额准备的成本，同时也会降低现金在存款中的比重。金融创新使货币乘数增加，在基础货币一定的情况下，货币乘数的增加会使总货币供给量加大。

三、金融创新与金融风险

金融产品创新的大量出现，可能会导致金融机构危机的出现，金融创新与金融风险是相伴而生的，有些金融创新工具设计的初衷就是为了规避金融风险，国际清算银行（BIS，1986）对包括票据发行便利、利率互换、货币互换、远期利率协议在内的金融创新工具的运作和风险进行了分析，认为金融创新可以提高金融市场效率、降低社会成本、转移金融风险。随着创新产品的复杂化，高杠杆性和流动性转换与期限转换创新的出现，导致资产价格和创新产品价格的波动性增加，也使金融体系的脆弱性增加，加之创新产品缺乏透明度，导致投资者和金融机构本身都无法正确认识创新存在的风险。以次级房贷为基础的资产证券化工具，当房价下跌利率上升时，这一创新产品的风险也急剧上升。同时，证券化的过程只是缓解了单个银行的资本压力，将其自身的风险进行转移，金融产品创新使得金融创新产品在信贷市场和证券市场上交易，造成信用风险在这两个市场之间反复传导，不仅加大了信用风险的作用程度，而且使整体金融体系的风险由于联系复杂而被放大，加大了金融体系的系统性风险。此外，一些具有信用创造的创新产品在金融市场发生动荡时会失去融资功能，造成市场整体的信用骤停，使整个金融体系的系统性风险和脆弱性增加，应对危机的能力也相应下降。① 从而增加整个金融体系的系统性风险，发生风险与否主要取决于金融创新产品设计时的各种风险是否得到合适的定价，也就是说，从事新型的金融业务，能否产生足够的利润为了弥补来自市场、信用及其他方面的风险。

1. 金融创新产品的定价

金融产品的创新是为了将传统的金融交易的风险进行规避。将传统金融产品与创新金融产品的定价进行比较，找出两者的差异。传统金融产品的定价是通过长时期的操作和经验积累才形成的，这种定价的基础是经验法。随着科学的进步和先进软件的问世，金融领域逐渐采用一些较为复杂、相对精确的数学统计方法来确定价格，但是统计方法还是建立在经验数据的基础上的。在一个迅速变化的金融环境里，无论是统计方法还是经验方法，所确定的价格都具有风险。因为在这个多变的时代，金融产品创新的市场逐步扩大，影响金融市场的因素不断增加，经纪商都来不及对各种条件下的交易积累足够的经验，用来反映客观的定价。

从这个意义上讲，金融创新工具的定价比传统金融工具的定价要难得多，这是因为为了进行合理有效的定价，需要掌握知识与积累经验，这个过程需要花费一定的成本。这一问题在快速增长的新市场里最有可能出现，特别是当创新工具的业务集中在少数一些交易参与者上，就会显得特别突

① 何德旭、王卉彤：《金融创新效应的理论评述》，《财经问题研究》2008 年第 12 期。

出。因为在这种情况下，交易参与者学习的机会少、时间短，对交易的内在规则掌握得不充分。由于金融工具很难像工业产品那样申请到专利保护，所以只要它的交易能给创新者带来一定的收益，就会招来模仿，使创新工具市场竞争非常激烈，创新工具的初始利润会迅速降低，最终使利润不足以弥补从事创新工具业务而带来的损失。

工业公司可以较容易且准确地根据投入产出核算出一个新产品的收入、成本和利润，从而保证以新产品的定价进行生产不会亏损，只要新产品有市场需求就会带来利润。创新金融工具不同，它的成本除了开发和交易费用外，还有风险成本。风险表明了一种损失的可能性，可能的损失成为现实往往需要偶发现象的多次重复，只有经过多次重复、长时间的考验，才能知道风险的大小、风险成本的高低。所以创新工具出现后，如果市场竞争激烈，金融机构就会降低定价，使定价可能低于合理考虑了风险成本之后的价格。许多西方经济学家认为，随着创新工具市场的逐渐成熟，创新工具的风险真实地体现出来之后，创新工具的定价将会慢慢趋于合理。但在从不合理到合理转变的过程中，可能会有不少金融机构蒙受巨大的损失，并带来金融市场的危机。

2. 市场联系与风险集中

市场风险与信用风险有一个非常重要的区别，市场上所有金融工具的风险总和为零，而信用风险与市场未到期的契约量成正比。也就是说，所有的金融契约就市场风险来说是双向的，在同一笔交易中双方都面临着市场风险。例如，利率下降会给固定利率债券的持有者带来资本利得，而债券的出售者面临数量相等的损失；反之，利率上升，债券持有者受损，出售者却受益。总的来看，市场各方的净损失或净利得之和为零。信用风险却不同，债券一经发行，债券的持有人就有可能承担债务人违约的信用风险，债务人却没有这样的担忧。信用风险是单方面的，影响债务人偿还本息的各种因素也间接影响债权人；反过来，影响债权人的因素却不会影响到债务人。创新工具能够更好地分散市场风险，市场风险与信用风险分离后，市场风险转移到需要抵补资产头寸的经济体上，创新工具被用于抵补经济体资产的风险，并不会带来新的价格风险，从市场风险的角度看，系统的风险降低了。但是，为了弥补市场风险必须进行新的交易，新的交易会带来新的交易双方。信用风险的单方向性使信用风险不能通过分散转移而规避。这样一来，市场内部就产生了新的信用风险，同时把交易一方的财务状况与另一方联系起来。从创新金融工具总体来看，它们主要在场外进行交易。绝大多数非金融类公司使用创新金融工具的目的是抵补已有的资产头寸。非金融类公司作为交易的一方是创新金融工具的最终使用者，交易的另一方主要是金融机构的造市者。由于创新金融工具体现出新的特征，包含新的内容并且交易程序复杂，需要富有经验的金融工程师加以高端的交易技术，才有可能顺利展开；又由于创新工具体现了某种新的信用关系，只有那些资信优良、实力雄厚的做市商才有可能获得客户的依赖。因此，创新金融工具的交易总是集中在一些大型金融机构之上，相应地，系统风险也集中在其上，从而会增加大型金融机构出现危机的可能性。由于大型金融机构的危机对系统的影响较为深远，从信用风险的角度看，创新金融工具会使金融体系的风险增加。由于金融产品的创新使金融机构的市场风险减小，从而降低了金融体系危机出现的隐患，但金融创新使金融体系的信用风险增加，从而增加了金融体系出现危机的概率。这两个效果共同作用后，金融创新到底使金融体系的风险增加还是减少，很难从量上比较。但新增的抵补性工具交易的信用风险一般远远小于被抵补工具的信用风险，从这一事实来看，金融创新的综合使用可能会降低金融体系的风险，也可能使金融危机爆发。

发生在 2013 年 6 月我国银行业的流动性小危机中也可以看出，金融创新会增加银行自身的流动性风险和市场风险，并影响到金融体系的正常资金融通功能。2013 年 6 月下旬，中国各大银行均面临严重的流动性风险，银行间同业隔夜拆借利率不断上升，官方公布利率在此期间曾达到 12.44%，个别银行的同业拆借隔夜利率达到了 30%。由此引发中短期资金价格也迅速上升，7 天期质押式回购加权平均利率在 2013 年 6 月 20 日涨至 11.6217%，最高达 18%，银行也通过发行高收益的短期理财产品吸收资金。造成此次流动性风险的原因除了商业银行面临年终考核，外汇占款放缓之外，更为重要的原因就是银行通过杠杆投资、流动性、期限转换将资金投入到收益更高的金融创新产品和机构，如信托收益权买入返售业务就是银行将短期同业拆借资金置于长期贷款中，造成了严重的流动性期限错配，使大量资金在金融系统内部空转套利。创新带来的流动性风险会影响到实体经济的融资成本，同时也引起了股市的剧烈波动，在 2013 年 6 月 24 日当天上证综指的跌幅达到了 5.3%，跌至 2000 点以下，将近 200 只股票跌停，银行股跌幅更为严重。综上所述，金融创新加大了金融体系的系统性风险、流动性风险和脆弱性，这种风险则需要通过金融监管部门的约束来防范，规避可预见的金融风险。

四、金融产品创新的福利效应

巴塞尔委员会一直致力于使金融产品创新取得社会效益，也尽量使金融创新在不危及经济稳定的情况下使预期的生产力增强并且促进经济的稳定增长。在健全的监管下，金融创新可以实现对社会承诺的益处。若没有健全的监管，金融产品创新也可能会产生一些短期的个人利益，但这样的金融产品创新只会不断地创造泡沫，当泡沫破灭时，就会发生系统性风险和昂贵的金融危机的风险。

金融产品创新是一个贯穿着金融历史发展的动态过程，金融产品创新既可以对风险进行规避，也可以使金融机构获得更大的收益，这是其无穷的魅力所在。在提供规避风险或获利手段的同时，金融产品创新的福利效应体现于多方面。

1. 促进金融产品多元化，满足客户需求

金融市场竞争的核心是产品的竞争，产品的不断创新既可以提高金融机构的服务水平，也可以满足多样化的客户需求，超脱营销领域的低层次竞争。随着社会经济的快速发展，人们的生活质量也在不断提高，市场和客户的需求特点显著转变。同时，信息技术的日新月异又刺激了需求目标的提高，甚至形成独立的推动力，创造出了新的需求，这些都导致金融产品的创新呈现出新的发展趋势。金融产品创新的特点有多功能化、个性化、高附加值和自助化。

2. 提高金融机构的盈利能力和避险能力

首先，金融产品创新为金融机构增加盈利和规避风险提供了更广阔的空间。各种形式的金融产品创新将每个金融市场紧密地联系在一起，这就为金融机构在全球范围内的经营提供了广泛的市场。金融机构可以最大限度地获取交易信息，选择交易伙伴，为其利用金融创新产品来增强盈利能力和规避风险提供了可能性。其次，金融创新产品在连接各个金融市场的同时，为金融机构提供了大量可供选择的工具，使金融机构可以根据自己的需求进行资产负债管理和风险管理。最后，金融产品的创新为金融机构提供了新的业务领域和盈利渠道，商业银行可以通过向客户出售金融信息和金融风险的集散地，通过向不同风险和服务偏好的客户提供不同的金融产品，金融机构可以将本身所承担的风险降到最低限度，同时获得更高的利润。

3. 增强金融市场的有效性

金融市场是金融产品的交易市场，金融产品不断创新和发展，使市场参与者不断增加，交易量不断扩大。这样金融市场日趋成熟，市场的有效性不断增强，从而可以降低金融市场的交易成本。同时，由于竞争的激烈和技术的发展，各类金融创新产品之间的替代性也不断增强，产品之间的转换率上升，使交易者的机会成本大大下降。再者，金融市场交易品种的增加使得投资者承担的风险分散开来，继而增加了投资的安全性。尤其是大量金融工具、融资方式及交易技术的出现，使投资者在进行多元化的投资组合的同时，可以调整组合，保证在获利的同时分散和转移风险。

第二节　金融创新宏观效应的实证分析

一、金融创新度量

我们运用国内生产总值（GDP）衡量经济增长速度，广义货币（M2）度量我国的货币供给量，上证综指（SZ）代表股票市场发展状况，金融创新度（Financial Innovation Level，FIL）作为金融创新的度量指标。金融创新度是金融资产总量（FA）与狭义货币（M1）之比，随着金融创新的发展，居民和企业手中持有的货币和活期存款会减少，转向其他可以获利的金融创新产品和机构。所以，如果货币资产总量与 M1 的比越大，则说明一国的金融创新发展水平越高；反之，发展水平越低。

$$FIL=\frac{FA}{M1} \tag{7.3}$$

如图 7.3 所示为 2003 年第一季度至 2013 年第一季度的金融创新度季度指标。从 2003 年开始，我国的金融创新度一直保持在 4 以上，且总体具有上升趋势。2003～2005 年，金融创新度小幅增长，从 2005 年开始进入快速上升阶段，金融创新度从2005年初的4.74增长到2007年末的5.58，金融创新快速发展。从2008年开始，金融创新进入了平稳期，在波动中小幅上升。截至2013年第一季度末，我国的金融资产总量达到1888747亿元，M1为31120亿元，金融创新度为6.07。

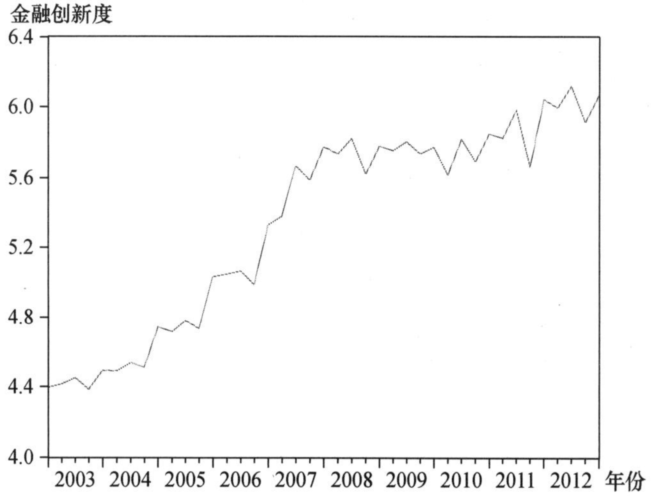

图7.3 我国金融创新度趋势

二、实证分析

首先，对4个变量值的对数结果进行线性回归，以检验变量间的相关关系及显著程度。分析中共建立4个模型，模型及其回归结果如表7.1所示。首先观察FIL与3个宏观经济指标间的关系，在模型1中，LNFIL的系数为正，即LNFIL与LNGDP两个变量之间存在正相关关系且关系显著，说明金融创新会在一定程度上促进经济增长。模型2中LNFIL的系数为负且显著，说明金融创新的发展会使广义货币M2减少。模型3中LNFIL对LNSZZS的回归结果不显著，金融创新和股票市场间的关系甚微，所以在分析中将上证指数这一变量剔除。模型4中，加入LNM2后两个解释变量的系数同样显著，且货币供应量的系数为负，说明货币供应量的增加并非有利于经济增长。

其次，对 LNFIL、LNGDP 和 LNM2 3 个变量进行 Johansen 检验，以观察变量间是否具有长期的均衡关系。对 3 个对数值进行单位根检验，结果显示 3 个变量均是非平稳的，其一阶差分以后的序列均是平稳的，所以 3 个变量都是一阶单整变量。根据 AIC 准则选择滞后 1 期进行检验。滞后 1 期的 Johansen 检验结果如表 7.2 所示，可知在 5% 的显著水平下，P 值只有在第一个结果中小于 0.05，LNM2、LNIGDP 和 LNIFIL 3 个变量间存在一个协整关系，证明 3 个变量间存在长期均衡关系。

表 7.1　回归结果

模型 / 变量	模型 1	模型 2	模型 3	模型 4
变量	LNGDP	LNM2	LNSZZS	LNGDP
截距	2.21*** (56.90)	13.29*** (127.99)	7.63*** (78.25)	4.49*** (5.93)
LNFIL	3.90*** (4.63)	-6.37*** (-2.83)	2.41 (1.14)	2.8*** (3.33)
LNM2	—	—	—	-0.17*** (-3.02)
LNSZZS	—	—	—	—
R^2	0.38	0.19	0.13	0.51
D-W 值	0.59	0.10	0.15	0.62

注：括号内为 T 统计量值，*** 表示在 99% 的置信水平下拒绝参数不显著的原假设。

表 7.2　Johansen 检验结果

假设	特征值	追踪统计量	5% 临界值	P 值
无*	0.753008	59.33802	35.19275	0.0000
最多一个	0.302889	13.19084	20.26184	0.3488
最多两个	0.038164	1.284067	9.164546	0.9102

注：“*”代表拒绝不存在协整关系的原假设，即变量存在一个协整关系。

对以上 3 个变量建立向量误差修正模型，通过 AIC 准则对向量误差修正模型进行定阶，结果发现滞后 4 阶时 AIC 最小，所以模型滞后阶数选择

4。向量误差修正模型结果中有显著影响的变量如表 7.3 所示。从结果可以看出 LNFIL 在滞后 3 个季度时对 LNM2 显著影响，且系数为负，同样得出了金融创新发展会使广义货币供给 M2 减少这一结论。而 LNM2 也在滞后 1 季度和 4 季度时对 LNFIL 影响显著系数也为正，说明广义货币供给量的增加对金融创新具有一定的促进作用。LNGDP 滞后 3 季度至 4 季度变量对 LNFIL 影响显著，说明经济发展水平会对金融创新产生一定的影响。

表 7.3　向量误差修正模型结果

误差修正	D（LNM2）		D（LNFIL）		D（LNFIL）
D(LNFIL(-1))	-0.290266 (-0.15515)	D(LNGDP(-1))	0.026755 (-0.03478)	D(LNM2(-1))	0.746362 * (-0.25151)
D(LNFIL(-2))	-0.176426 (-0.16078)	D(LNGDP(-2))	0.062216 (-0.03223)	D(LNM2(-2))	-0.354417 (-0.23872)
D(LNFIL(-3))	-0.344374 * (-0.15491)	D(LNGDP(-3))	-0.087291 * (-0.03836)	D(LNM2(-3))	0.498447 * (0.23007)
D(LNFIL(-4))	-0.290787 (-0.15851)	D(LNGDP(-4))	0.093477 * (-0.03827)	D(LNM2(-4))	-0.425514 * (-0.21045)

注：* 表示在 95% 的置信水平下拒绝参数不显著的原假设。

三、实证结论

以上通过线性回归分析、协整检验和误差修正模型对中国金融创新程度和宏观经济变量之间的关系和相互影响情况进行了分析。分析结果显示，我国的金融创新水平和经济增长之间存在正相关关系，经济增长也会影响我国的金融创新水平，两者之间相互影响。同时，金融创新和货币供应量之间也存在相互影响的关系，金融创新会使广义货币供应量 M2 减少，原因是金融创新产品和业务会吸收一部分货币；反过来，广义货币供给量 M2 的增加会促进金融机构的创新行为，所以货币供应量也会在较长期内影响到金融创新。

第三节　金融产品创新宏观效应的传导机制

金融产品创新是金融创新的形式之一，是经济金融体系发展的必然结果。在激烈的竞争中，创新是满足客户需求提高金融机构盈利能力的法宝。在商业银行面临全球金融一体化和国内银行激烈竞争的困境的时候，求变求新就成了商业银行的必然选择。而企业在面临资金周转问题时在选择银行贷款外，也可以通过买卖金融创新产品来调剂资金余缺。

一、金融产品创新宏观效应传导

金融创新的宏观传导机制主要包括利率渠道和货币渠道两个方面，两个渠道综合作用对宏观经济产生影响。首先，实证分析部分结果显示，金融创新使广义货币供给量 M2 减少，但是更为广义的货币供给量增加。货币供给量的增加使利率下降，进而使投资增加，国民收入增加。其次，金融创新使企业可以选择的融资渠道增加，金融产品之间的替代性增强，实际投资对利率的敏感性降低，因为利率下降而增加的投资减少，国民收入增加幅度降低。再次，金融产品创新加速了各类金融资产之间的转换，使投机性货币需求的利率敏感性增加。提高了交易效率和速度，有利于经济发展。最后，从货币政策渠道来说，金融创新混淆了货币供给量层次的划分，使货币政策执行力下降，利率和货币供给量作为中间变量的作用效果下降，使货币政策的最终结果的不确定性增强。

二、金融产品创新引发危机宏观效应传导

美国的次贷危机正是由于具体的金融产品创新所引发的，本次危机是从次级住房抵押贷款市场传导到 MBS（抵押贷款证券化）和 CDO（担保债务凭证）购买者的投资银行和对冲基金，次级住房抵押贷款市场强化于 MBS 和 CDO 市场。创新的金融产品并没有像事先预期和设计的那样被金融市场上的投资者把风险分散掉，而是通过投资机构和对冲基金公司的去杠

杆机制反向回流传导到以商业银行为主的次级抵押贷款公司，而惜贷行为导致的流动性缺失及其乘数效应和扩散效应迅速波及其他资本市场，并逐步向实体经济和国际市场推移。本节的金融产品创新的传导机制主要以贯穿次贷危机来说明其传染路径。

1. 金融产品创新危机传导机制一：从信贷市场到货币市场和资本市场

本次的次贷危机是由于美国经济增长乏力、失业增加、收入下降的拖累，美国房地产市场走向萧条且利率大幅攀升，这一方面加重了购房者的还贷压力，另一方面购房者又无法将房屋出售或者通过抵押贷款再融资。但是在美国经济乏力之前房地产价格在持续上涨，这种价格的上涨使人们产生了价格会进一步上涨的预期，并不断吸引新的买者，随着价格的不断上涨与投机资本的持续增加，这样房地产的价格远远高于与之对应的实体价格，导致房地产泡沫。由于美国经济的乏力使得泡沫破裂，即高空置率和价格的暴跌。这样最终导致拖欠债务比率和丧失抵押品赎回权比率剧增。美国次级抵押贷款主要分为两部分：一部分是没有证券化，依然持有在贷款公司手中的抵押贷款；另一部分是证券化的抵押贷款。因此，借款人不能偿付的违约会首先使得没有证券化的次级贷款出现呆账、坏账，次级抵押贷款公司则成为首当其冲的受害者。也正因如此，从 2006 年后期到 2007 年 5 月，美国次贷危机主要表现为波及次级抵押贷款公司的信贷市场危机。

信贷市场的危机使得证券化的次级抵押贷款的信用风险增加，信用评级机构调低了相关的 MBS 和 CDO 的信用评级，相关的风险就从次级抵押贷款公司的资产负债表中转移到持有抵押贷款支持债券 MBS 和 CDO 的机构投资者的资产负债表中，或者说，美国次贷危机就从传统的信贷市场传导到了创新的资本市场上。

在资本市场上，危机传导第一波冲击是购买信用评级较低的 MBS、CDO 以及基于 CDO 的各类衍生产品的对冲基金和投资银行。信贷市场上整体违约率的上升导致中间持有 MBS 和 CDO 的投资者不能按时拿到所偿付的本息，这样就使抵押债权资本市场整体的价值大幅缩水，从而使一些对冲基金公司和投资银行的资产负债表恶化。再加上由于对冲基金的信息不对称，因而市场判断不清对冲基金损失的规模和程度，因此投资者们又开始逐渐地担忧在其上的级别较高的优先级证券的风险，因此继危机传导的第二波冲击就是投资者开始购买信用评级比较高的 MBS、CDO 以及基于 CDO 的各类衍生产品的养老基金、保险基金、共同基金等。由于此类机构有严格的投资标准，不能投资于低于一定级别的债券产品，因此，随着资产组合中相应品种信用级别的调低，它们不得不抛售变现。但是，伴随着大批投资者投资组合的整体调整和抛售以及市场流动性丧失，结果导致此类证券的价格大幅下跌，使持有此类证券的投资者出现浮亏。这进一步加剧了投资者的担心，他们会纷纷要求赎回基金。为此，一些基金被迫或主动缩减资产负债表去杠杆化，通过变现其他市场的资产来满足自身流动性需求，这就引起了危机传导的第三波冲击，即引起股票市场、黄金市场、外汇市场等一系列与次级债券市场没有直接联系的相关市场的大幅震荡。

在货币市场上由于货币市场互助基金、货币市场存款账户、大额可转让存单均具有良好的支持功能和变现能力，在为人们提供高于 M1 的收益的同时，能够在很大程度上满足人们的流动性需要，从而引起对 M1 的货币需求的减少。而且产品创新所带来的金融电子化和支付结算系统的改革，缩小了 M1 特别是现金的使用范围，减弱了人们对货币的流动性偏好，导致 M1 货币需求的下降。信贷市场金融创新衍生产品改变了人们持有货币的动机，引起货币需求构成的变化。借用凯恩斯的概念就是交易性动机和预防性动机减弱，而投机性动机增强，用于媒介商品和劳务交易的商业性货币需求比重下降，而用于投机获利的金融性货币需求比重上升。

2. 金融产品创新危机传导机制二：从货币市场、资本市场到实体经济、宏观经济

受美国次贷危机的影响中国的经济也受到一定程度的传染；在从货币市场、资本市场到实体经济和宏观经济上也表现得比较明显。

次贷危机全面爆发以后，美联储就宣称“金融市场动荡没有损及实体经济”，在美联储改变立场大幅降息的声明中仍然表示，“为防止市场动荡损及实体经济”，旧金山联储主席耶伦也表示，“短期货币政策应该致力于稳定实体经济增长”。其实在次贷危机爆发之前而房市长期低迷时，美联储就置房市下滑于不顾，多次声称“房市下滑没有伤害到实体经济领域”。

美联储使用“实体经济”这个词，与之相关联的是除去房产市场和金融市场之外的部分，就美国经济数据的构成来看，其中包括制造业、进出口、经常账、零售销售等的部分被美联储笼统地概括为“实体经济”。由于不包括房市和金融市场这样的特殊的部分，所以“实体经济”在很大程度上反映了美国国内市场运行的“流水账”部分，之所以这样来描述，是因为虽然“实体经济”往往不是要害部门，而是民用普通领域。尽管不是要

害部门，但“实体经济”显然对于美国市场的日常运行具有关键意义，一旦“实体经济”出现震荡或反复，往往反映到美国人的生计问题上，如一些宏观的食品价格指数和消费者核心物价指数以及库存和零售销售等指标，这说明美联储所谓的“实体经济”反映的是宏观经济的好坏。

美联储所谓的“实体经济”与中国的“实体经济”问题大同小异，不过美联储同时十分注重大中小型工商企业的运行态势等“企业融资难”的问题。“实体经济”尽管不包含要害部门和尖端领域，但它却是一国市场稳定运行的最广泛基础，“实体经济”指标的偏差往往反映到社会生活的各个宏观领域，“实体经济”的稳定运行对于维护社会经济秩序往往越重要。因此，实体经济的经营好坏直接的与宏观经济相关。

美国次贷危机由信贷市场、资本市场、货币市场通过多种渠道向实体经济，宏观经济传导，冲击到美国的居民消费和企业投资，最终拖累了美国宏观经济的增长（张明，2008）。自 2006 年底次贷危机爆发以来，美国的居民个人消费、私人部门投资、住房投资对 GDP 的贡献一直趋于下降，显示了次贷危机对美国实体经济的严重影响。用实证来说明从货币市场、资本市场到实体经济和宏观经济的传导效应。

金融危机导致资产价格下降，使持有同样资产银行的资产减少，基于公允价值的会计规则会恶化银行和企业的资产负债表，增加企业的融资成本、降低融资需求，减少投资和消费，使经济下滑。

3. 金融产品创新危机传导机制三：从一国向其他国家传导

从一国到多国的传导以美国的次贷危机为例，因为美国是经济大国，因此从美国传导到其他国家具有代表性。美国次贷危机爆发的背景是金融全球化、全球流动性过剩化和后金融创新化的经济时代，在这一国际背景下，美国次贷危机也将从美国的国内市场传导到国际市场。根据金融危机的国际传导理论，美国次贷危机的主要传导路径包括：

（1）一国货币流动性过剩或者短缺对其他国的传导机制。美国次贷危机演化到现在，其核心问题在于信贷紧缩和流动性缺失，而对流动性需求则是次贷危机国际传导的最主要路径。基于 Valdes（1997）流动性缺失而导致的危机传导理论，笔者认为，美国次贷危机发生后，MBS、CDO 以及基于 CDO 的各类衍生产品的投资者遭遇巨大资本损失，流动性的下降迫使这些投资者调整其资产组合，通过出售机构在其他国家的资产以保证在美国资本市场上的流动性，而这就会导致关联国的金融市场的共振；受“羊群效应”和“蝴蝶效应”的影响，机构投资者资产组合的调整会加倍放大美国次贷危机，并可能引起整个国际金融秩序的长期震荡。2008 年上半年，欧洲股市、中国股市、新兴市场国家股市都与美国股市同步下跌，很大程度上是由于跨国机构投资者在全球范围内调整资产组合、降低风险资产比重，追求流动性需求的行为所致。

（2）一国的货币贬值对其他国影响的传导机制。美联储抑制次贷危机的逻辑就是通过宽松的货币政策，即减息和注资，为金融市场注入流动性，这一政策逻辑加剧了全球流动性过剩的格局，这样将导致新兴市场国家的热钱快速增加，进一步放大了这些国家的资产价格泡沫。新兴市场国家对热钱形成过度的依赖性，但是这些热钱又不一定是可持续的，如果这些热钱突然撤出，那么这些国家资产价格泡沫就会迅速破灭，也意味着新一轮金融危机的到来。另外，如果美元的大幅贬值将会使其他国家持有美元的价值缩水，从而减轻了美国的对外债务负担，但是造成了其他持有美元的国家国民财富的损失。因此，在美国次贷危机利益链条中，新兴市场国家既要防止美元流动性的膨胀与收缩，又要防止新一轮金融危机。

（3）一国的实体经济的变化引致的传导机制。一国经济的下滑或衰退将导致本国消费需求的缩减，进而导致该国进口需求的下降，从而对有贸易关系国家的出口行业构成冲击。本币的大幅贬值，推动了一些用本币标价的大宗商品价格的持续上涨，如矿产、石油等能源和食品等初级产品，这样将使其他国家增加了通货膨胀压力。因而抑制了投资与消费，使经济下滑或减缓。在资产价格泡沫、经济增速放缓的前提下，再加上通货膨胀的压力，完全有可能导致全球经济陷入滞胀局面。对于中国等这些以出口为导向的新兴市场经济体，应该在严格抑制通货膨胀的基础上，实行汇率机制改革和产业结构的调整，把以出口为主的经济体向以内需拉动为主的经济体转变，这样就可以冲销外币贬值的压力，进而抵消美国次贷危机对中国等以出口导向的新兴市场经济体的风险传导。

银行和其他金融机构间的相互联系可以通过传染的方式对实体经济产生负外部性。金融体系的波动以资产价格波动的形式通过三种渠道传递到实体经济，即借款人的资产负债表、银行的资产负债表和流动性。危机期间，如果由于客户的挤兑导致银行流动性不足，银行会变卖自己的资产来获得流动性，这一过程降低了资产的价格，由于资产价格的降低会将风险传染给持有同样资产的银行。公允价值会计规则机制使银行和企业需要将下降后的资产价格反映在资产负债表中，导致与抵押有关的证券资产减小计提，减少企业净资产，恶化企业和银行的资产负债表，提高企业的融资成本并降低企业融资需求，放大了金融危机，进而造成投资和产量的萎缩，实体经济下滑。

本节阐述的传导路径可以用图 7.4 表示。

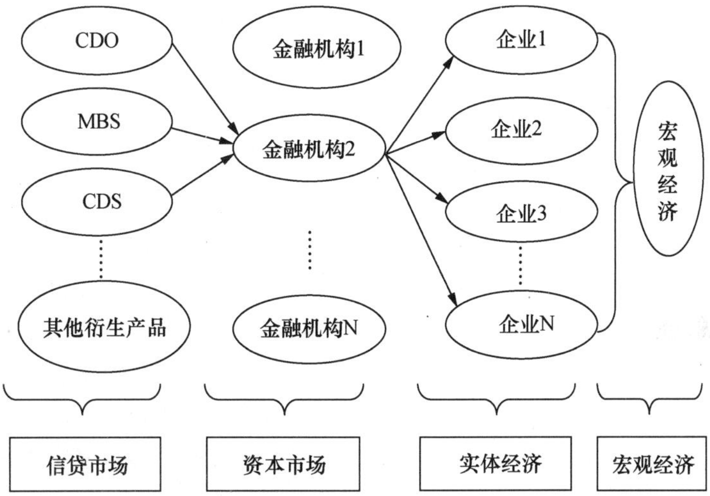

图 7.4　传导路径

第四节　中国金融产品创新现状及问题

一、中国金融创新现状

1. 组织机构现状

2003 年 12 月 27 日，十届全国人民代表大会常务委员会第六次会议审议通过了《中华人民共和国中国人民银行法（修正案）》，将人民银行新的职能正式表述为“制定和执行货币政策、维护金融稳定、提供金融服务”。

这种职能的变化集中表现为“一个强化、一个转换和两个增加”。“一个强化”，即强化与制定和执行货币政策有关的职能。“一个转换”，即转换实施对金融业宏观调控和防范与化解系统性金融风险的方式。“两个增加”，即增加反洗钱和管理信贷征信业两项职能。这些新的变化，进一步强化了人民银行作为我国的中央银行在实施金融宏观调控、保持币值稳定、促进经济可持续增长和防范化解系统性金融风险中的重要作用。

截至2009年，中国五大商业银行顺利完成了股份制改造，中国银行业形成了以五家大型商业银行、十多家股份制商业银行、三家政策性银行、百余家城市商业银行为主体的银行体系。在非银行机构组织体制上，保险公司、证券公司、信托投资公司、融资担保公司和小额贷款公司等非银行金融机构的总体数量及业务规模迅速壮大。截至2013年6月，中国小额贷款公司共7086家，贷款余额7043亿元。金融机构的组织形式也从传统单一机构朝着集团化金融控股公司方向发展，金融控股公司在经济范畴、经济规模、协同效应、降低成本等方面均具有很大的优势，但是由于资金规模庞大和组织机构复杂，金融控股公司的风险也比普通的金融机构大很多。中国金融资产总量从1978年的3418亿元，增长到2013年第一季度的1888747亿元，增长了552倍。总之，中国金融在总量和规模方面有了大幅度的发展。

自2013年开始，中国的互联网金融发展如火如荼，互联网金融倒逼传统金融机构开展创新业务进行改革，商业银行均通过物理网点的扩张，以带动其存款和信贷规模的扩张。其传统利差垄断盈利模式也已遭受到互联网金融的挑战，同时可以提高资金融通效率，系统客户信用积累早已形成了规模庞大的数据库，尤其是电商客户所有的运营数据，都可以在阿里系统里查找，据此形成的“阿里贷”不仅可以进行无抵押放贷，而且放贷速度还相当快，远非传统商业银行可比。余额宝接轨天弘基金，天弘基金将这些资金主要投向货币基金，所以余额宝可以看做是降低了门槛并施行T+0机制的货币基金。从运作原理上来讲，余额宝首先就抬高了自身风险，它随时要面对赎回的压力。正因如此，余额宝对单个账户的资金上限做了限制，数额为100万元。国内互联网金融主要分为三类：一是以支付宝、拉卡拉为代表的第三方及移动支付公司；二是以阿里巴巴金融为代表的新型贷款模式；三是目前最受关注的以宜信、人人贷为代表的P2P企业。这些公司相对缺乏有效的监管手段，其潜在的风险是存在的，尤其对当下部分互联网巨头已经形成的混业金融业态，则更有防范其系统金融风险累积的必要。一些 P2P 公司上线不久就遭遇了风险警告。2013 年下半年，先后有湖北“天力贷”、浙江“非诚勿贷”等多家 P2P 公司出现挤兑或难兑付事件。

2. 监管制度现状

2004 年以来，中国金融分业监管体制开始了进一步的完善历程，此阶段金融法律体系进一步完善，加强了对金融创新和跨金融领域的监管，金融监管机构之间也加强了协调配合，全球金融危机之后，我国的金融监管体系开始了新一轮的改革和借鉴，确定了构建逆周期的金融宏观审慎管理制度框架，强化中央银行的系统性风险管理职能，加强对系统重要性金融机构的监管，建立存款保险制度和加强金融消费者保护的改革方向。

2011 年 5 月，银监会发布了《关于我国银行业实施新监管标准的指导意见》，明确了实施路线图。之后又相继发布了《商业银行杠杆率管理办法》（银监发［2011］3 号）、《商业银行贷款损失准备管理办法》（银监发［2011］4 号）、《商业银行资本管理办法（征求意见稿）》、《商业银行流动性管理办法（征求意见稿）》，对我国银行业的监管标准进行了全面规范。互联网金融在 107 号文中被称为“新型网络金融公司”，属于影子银行体系的一部分，遵循设批者处置风险的原则，但并没有出台详细的监管要求。

3. 金融市场现状

中国金融市场形成了多层次、初具规模的金融市场体系。

1990 年和 1991 年上海证券交易所和深圳证券交易所先后成立。2012 年 9 月，非上市股份公司股份公开转让场所全国中小企业股份转让系统成立。2012 年 11 月，在党的十八大报告中提出要深化金融体制改革，加快发展多层次资本市场。2013 年 11 月 15 日党的十八届三中全会通过的《中共中央关于全面深化改革若干重大问题的决定》，提出健全多层次资本市场体系，多渠道推动股权融资，发展并规范债券市场，提高直接融资比重。全国多个省市分别建立了区域性股权交易场所。主要针对区域内非上市股份有限公司和有限责任公司的股权托管及交易展开服务。

货币市场方面，建立了同业拆借、同业存单、商业票据和短期政府债券为主的货币市场；银行与企业间外汇零售市场、银行与银行间外汇批发市场、中央银行与外汇指定银行间公开操作市场相结合的外汇统一市场；2012 年，证券交易所累计成交金额 314583 亿元，银行间同业拆借市场交易累计467044亿元，年末债券托管量237569亿元。

4. 金融业务及产品现状

商业银行的负债业务有保值储蓄存款、住房储蓄存款、委托存款、信托存款等新品种；资产业务推出了抵押贷款、质押贷款、按揭贷款等品种；中间业务更是创新出很多多样化服务，开办个人汇款、个人支票业务，各种代理业务、多功能的信用卡等。在金融工具方面，主要有国库券、商业票据、短期融资债券、回购协议、大额可转让存单和长期政府债券、企业债券、金融债券、股票、受益债券、股权证、封闭式基金、开放式基金等货币市场和资本市场金融工具。近年来商业银行在理财产品上的创新更是层出不穷，大致可分为债券型、信托型、挂钩型、QDII型及P2P型等多种类型的理财产品，理财产品的发展丰富了投资者选择产品的种类，增加了商业银行的融资渠道，但是其带来的风险也不容小觑。

5. 体制机制创新

2013年11月15日党的十八届三中全会通过的《中共中央关于全面深化改革若干重大问题的决定》，提出扩大金融业对内对外开放，在加强监管前提下，允许具备条件的民间资本依法发起设立中小型银行等金融机构。推进政策性金融机构改革。健全多层次资本市场体系，推进股票发行注册制改革，多渠道推动股权融资，发展并规范债券市场，提高直接融资比重。完善保险经济补偿机制，建立巨灾保险制度。发展普惠金融，鼓励金融创新，丰富金融市场层次和产品。完善人民币汇率市场化形成机制，加快推进利率市场化，健全反映市场供求关系的国债收益率曲线。推动资本市场双向开放，有序提高跨境资本和金融交易可兑换程度，建立健全宏观审慎管理框架下的外债和资本流动管理体系，加快实现人民币资本项目可兑换。落实金融监管改革措施和稳健标准，完善监管协调机制，界定中央和地方金融监管职责和风险处置责任。建立存款保险制度，完善金融机构市场化退出机制。加强金融基础设施建设，保障金融市场安全高效运行和整体稳定。

在资本市场方面，2013年11月国务院发布了《国务院关于开展优先股试点的指导意见》和《优先股试点管理办法》，对上市公司和非上市公司发行优先股的具体办法做出了规定。在区域性股权交易中心也出现了对企业要求更低的私募债业务和由小额贷款公司作为发行主体的私募债业务。

2013年8月，上海证券交易所下发《关于启动个股期权全真模拟交易准备工作的通知》指出，上交所已履行内部程序，将发展个股期权列为改革创新核心工作之一。2013 年 12 月启动模拟交易，以在该所上市挂牌交易的股票、ETF 为标的的期权全真模拟交易，除资金为虚拟以外，全真模拟交易的交易原理、机制、标准和要求，与真实状态下的期权交易基本一致，是对期权交易的技术、业务、结算、风险控制等各个环节的全面测试。上证所将于 2014 年 2 月 17 日起组织部分券商进行个股期权全真模拟交易的风险处置测试，以进一步加强证券公司在个股期权业务中的风险把控能力。

2013 年 9 月 18 日，国务院印发了《中国（上海）自由贸易试验区总体方案》中，提出要加快金融制度创新，推动金融服务业对符合条件的民营资本和外资金融机构全面开放，支持在试验区内设立外资银行和中外合资银行。允许金融市场在试验区内建立面向国际的交易平台。逐步允许境外企业参与商品期货交易。鼓励金融市场产品创新。支持股权托管交易机构在试验区内建立综合金融服务平台。支持开展人民币跨境再保险业务，培育发展再保险市场。

2013 年 11 月 30 日，中国证监会发布《关于进一步推进新股发行体制改革的意见》，是推进股票发行从核准制向注册制过度的重要环节。进一步理顺发行、定价、配售等环节的运行机制，发挥市场决定性作用，加强市场监管，维护市场公平，切实保护投资者特别是中小投资者的合法权益。对新股市场化发行机制、新股市场化定价制度、新股配售方式及监管执法力度方面都做出了详细规定。

二、中国金融创新存在的问题

通过以上分析可以看出，我国金融总体迅速发展，其功能和制度方面也日趋完善，金融体系的发展和对实体经济的作用也日益增强。但是，我国的金融创新仍存在许多的问题。

1. 外部条件制约金融创新

金融创新的快速发展至少需要放松金融管制和公平竞争的市场两个条件。放松管制可以使金融创新有广阔的发展空间，创新才有可能。垄断是创新的天敌，没有竞争便没有创新的外在压力。当代国际金融创新大多是在金融自由化浪潮的推动下进行的，在金融全球化的今天，金融管制放松、混业经营的开展，使各类金融机构业务出现同质化倾向，金融业竞争空前激烈，因此金融创新是谋取生存空间的重要手段。我国在这两个方面都不够理想，我国金融体系仍存在一定程度的垄断，五大国有商业银行的垄断地位，使其缺乏金融创新的外部压力。尽管经过多年改革，我国的金融环境已较为宽松，但同西方相比，还存在着比较严格的金融管制，如我国金融业的分业经营、分业管理，一方面限制了竞争，另一方面又限制了金融创新种类的扩大。

2. 金融创新产品业务领域发展不均衡

长期以来，存款等负债业务是各家金融机构竞争相对激烈的业务领域，金融机构推出的业务创新和工具创新也在这个领域最为丰富，这与金融机构追求利益和竞争相对激烈是一致的。商业银行竞相推出创新工具，拓展创新业务，抢占更多的市场份额。而贷款长期以来一直都是金融机构垄断的资源，因而创新明显少于负债业务，各金融机构缺乏创新的内在动力和外在压力，因此创新相对较少。据统计目前我国金融工具构成中各种存款占到近80%，直接融资和规避风险的金融工具十分缺乏。金融工具单一、融资渠道狭窄，从而造成企业负债率过高和银行的压力过大。

3. 金融创新在追求利益的同时忽略了风险

现在推出的许多创新产品更多的是为了盈利，除了在期货、期权和互换金融业务的发展外，大部分的创新都是围绕追求更高利润展开的。随着创新产品的复杂化，高杠杆性和流动性转换和期限转换创新的出现，导致资产价格和创新产品价格的波动性增加，也使金融体系的脆弱性增加，加之创新产品缺乏透明度，导致投资者和金融机构本身都无法正确认识创新存在的风险。一些具有信用创造的创新产品在金融市场发生动荡时会失去融资功能，造成市场整体的信用骤停，使整个金融体系的系统性风险和脆弱性增加。引发此次美国次贷危机的金融衍生工具就是在盲目追求流动性、利益的时候忽略了其潜在的风险。金融创新还使得银行通过杠杆投资、流动性、期限转换将资金投入到收益更高的金融创新产品和机构，如信托收益权买入返售业务就是银行将短期同业拆借资金置于长期贷款中，造成了严重的流动性期限错配，使大量资金在金融系统内部空转套利。创新带来的流动性风险会影响到实体经济的融资成本，并波及宏观经济的运行。

4. 金融创新地区发展不均衡

我国市场经济发展从经济特区和沿海城市发起，继上海浦东、天津滨海新区后诸多金融改革试验区相继建立，如根据温州民间资本丰富的特点设立民间金融服务中心的金融综合改革试验区，以及围绕义乌国际贸易综合改革试验区进行的金融专项改革。特区和沿海城市率先打破传统体制的束缚，金融管制相对较松，金融市场比较活跃，这些都为金融创新提供了良好的外部环境。区域金融领域正在分化成不同梯队的群体。我国的金融业务和金融工具创新通常首先在特区和沿海城市产生，然后再逐步向内地推广，内陆城市的金融创新明显落后于沿海城市。地区经济基础、地方政府干预、区域金融市场等外部环境对金融业创新效率有很大影响。效率最高的省份是北京和上海，北京、天津、上海、广东、海南五个省市也有若干年处于前沿面上。多数省市的金融创新效率均呈现上升趋势，例外的是山西省的金融创新效率在样本期间内一直在下降（蒋岳祥、蒋瑞波，2013）。

5. 金融法规不健全，秩序不规范

我国金融业发展的模式是先实践后监管，已出台的一些金融管理制度滞后于金融实践，这种做法固然有其优点，但也给违规者以可乘之机，不利于金融秩序的稳定。例如，金融机构盲目提高和变相提高存贷款利差，证券公司通过各种渠道将大量银行资金引入股市，挪用股民保证金等违规操作，扰乱了金融秩序，不利于金融监管。

第五节　小结

中国金融发展的规模与数量快于经济的发展，金融资产总量的迅速增长表明，实体经济资产逐步被金融资产所取代，交易和投资活动逐步通过金融资产实现。中国金融发展水平对于宏观经济的敏感程度在一定程度上领先于国内生产总值，而经济发展也会反过来影响金融发展。实证分析结果表明，中国的金融创新水平和经济增长之间存在正相关关系，经济增长也会影响我国的金融创新水平，两者之间相互影响。同时，金融创新和货币供应量间也存在相互影响的关系，金融创新会使广义货币供应量减少；反过来，由于广义货币供给的增加会促进金融机构的创新行为，所以货币供应量也会在较长期影响到金融创新。金融体系在日常的经营过程中应通过一系列监管措施减少创新活动带来的负面影响和风险隐患，从有效金融监管入手推动金融经济协调发展。中国金融创新在组织机构、金融市场和金融产品及业务等方面有了快速的发展，但也存在着许多问题，如外部条件的制约、创新领域发展不平衡、地区间的不平衡和监管方面存在的缺陷等。

第八章　结论

由某些金融产品创新引发的2007年美国次贷危机，不仅给美国经济造成重创，而且对世界经济造成了深远的消极影响。究其原因就是，金融创新过度和监管当局对金融创新产品的监管模式存在缺陷及对整个金融系统性风险的监管不力。次贷危机的爆发以及迅速波及实体经济并转化为全球性金融危机证明了美国的金融监管制度的缺陷和对危机抵御能力的缺失，危机之后美国开始了对金融监管制度的新一轮改革。

美国次贷危机引出了三个重要的金融新概念，一是影子银行体系，二是系统重要性金融机构，三是宏观审慎监管政策框架。影子银行体系在助推全球金融市场快速发展的同时，也是使次贷危机发展为全球金融危机的始作俑者。影子银行体系以其特有的资金模式，改变了金融系统中传统金融机构与市场作用范围，这种变化让现有的监管体制变得莫衷一是，并且由此引发出货币政策效果减弱及监管缺失。美国次贷危机引发的全球性金融危机使政府及金融监管机构开始考虑系统性金融风险的防范和宏观审慎监管问题，并由此提出了“系统重要性金融机构”的概念。系统重要性金融机构之所以重要，是因为这些金融机构规模较大、市场关联度高，其行为不仅关系到自身的存在和发展，更影响到金融系统和整个宏观经济的稳定，管理不当甚至会引发巨大的系统性风险和金融危机，乃至经济危机。

针对缺少对金融系统稳定性负责的全面政策框架、金融中介机构转向从事流动性转换和期限转换的影子银行体系，对系统重要性金融机构的有效监管也存在严重的缺失等问题。国际社会成立了金融稳定理事会（FSB）作为全球金融稳定的宏观审慎监管国际组织，并提出要加强宏观审慎监管的覆盖，以促进系统性金融监管，以监督和减小系统性风险。

我国在党的十七届五中全会上也提出了“构建逆周期宏观审慎政策框架”。本书从金融创新的历史发展、金融监管改革及其宏观效应、影子银行体系及其宏观效应、系统重要性金融机构及其宏观效应、宏观审慎监管及其宏观效应和金融产品创新宏观效应的传导机制及应用六个方面，比较系统地阐述了金融产品创新的宏观效应，基本结论如下：

（1）金融创新的内涵包括广义和狭义两个方面，广义金融创新是将金融业的每一个新的发展都视为金融创新的过程，从具体的金融产品、服务的创新，到金融机构、市场的创新，再到整个金融制度及金融监管体系的创新都看作是金融创新的范畴。狭义的金融创新主要是指在20世纪60年代以后西方国家在放松金融管制以后在金融产品、金融业务、金融机构等方面的创新。金融创新主要可以分为金融产品创新、金融机构创新和金融制度创新。引发金融创新的原因主要包括内部原因和外部原因：内部原因主要是指金融企业为了追求更高的利益或降低自身的风险进行创新；外部原因主要是由经济金融环境的变化给金融企业带来创新的动力，包括科学技术的进步和规避政府监管等。金融创新与金融监管有着本质的联系，随着经济的发展和金融环境的变化，金融机构对于利润的追逐往往会通过金融创新这一方式来规避监管，而金融创新又会打破金融体系原有的均衡状态。在对金融创新充分监管的基础上，金融创新是推动经济发展、提高金融体系效率和规避风险的重要动力。

（2）由于各国金融监管体制的不同和金融国际化进程，加强国际金融监管合作是维护各国经济金融发展与稳定的必经之路。国际金融监管合作组织主要有国际货币基金组织、国际清算银行、巴塞尔委员会和金融稳定理事会，巴塞尔委员会颁布的巴塞尔协议Ⅲ是国际上重要的银行监管原则。本书研究表明，中国的金融监管指数从2009年开始至2012年始终处于一个上升阶段，金融监管的目标实现程度逐步增强，金融监管促进了宏观经济和金融体系的运行；从2010年开始宏观方面的作用开始下降，监管效应主要体现在刺激金融领域的发展。从2012年开始，金融监管对微观经济和宏观经济的作用都维持在一个比较稳定的水平上。

（3）影子银行体系作为新兴经济主体之一，可以丰富金融市场产品线、加大资金流动性，并且通过对货币供给和需求的影响推动了社会总产值的增加。但由于影子银行体系自身运作机制的脆弱性，使其蕴含着巨大的风险。我们必须重视已经出现的和潜在的风险，防微杜渐，审慎分析影子银行体系对我国宏观经济可能造成的各种效应。从我国影子银行体系的发展情况来看，虽说我国影子银行的规模远不如海外市场，但是国内影子银行体系近年来规模也开始逐渐壮大，金融创新和金融产品层出不穷，随之可能产生的风险应受到重视。研究表明，影子银行体系规模、人民币贷款规模和社会总融资规模间具有一定的相互作用关系，而且从一定程度上影响我国货币政策的有效性。尽快建立与之相适应的监管体系是当务之急。对待我国特有的影子银行体系，应当充分借鉴美欧等国在影子银行体系问题上的经验与教训，建立有效监管、分层指导的影子银行监管体系，促进金融体系稳健运行。

（4）系统重要性金融机构作为金融体系的重要构成部分，在经济运行中起着举足轻重的作用，它所进行的金融创新活动在推动金融业发展的同时也使整个社会付出了巨大的代价。系统重要性金融机构的地位和它所进行的创新活动会产生强烈的外部性，本书运用成本收益函数对系统重要性金融机构的外部性作用机制进行了分析，并阐述了外部性对金融体系和实体经济产生的宏观效应。系统重要性金融机构在日常持续经营阶段决定着市场利率并推动了金融创新，会产生正的外部性；而在危机阶段，系统重要性金融机构又影响着整个金融系统的稳定并使政府不得不对其进行救助，会产生负的外部性，这种负外部性是系统重要性金融机构的主要特征。系统重要性金融机构的负外部性效应加大了整个金融体系的边际成本、政府和纳税人的负担，而且会快速传递到宏观经济体系，所以要加强和完善对系统重要性金融机构的监管。本书将庇古和科斯对外部性的治理政策和对系统重要性金融机构的监管方式进行了结合，并将监管方法从“政府解”和“市场解”两个方面进行了分析梳理。现有的业务管制和资本附加等监管方法可以在一定程度上使系统重要性金融机构的负外部性内在化，但是对于银行规模和税收方面的监管措施还需酝酿。最后，要加强对整个社会和系统重要性金融机构的道德教育，使每个人和每一个金融机构都本着对自身对社会负责的态度去要求和约束自己，促进金融业稳定健康发展。

（5）建立健全宏观审慎监管体制，特别是加强金融监管以及宏观审慎监管是防范和应对系统性风险的基础。宏观审慎政策的主要目标是维护金融稳定，限制金融体系的系统性风险。宏观审慎政策目的是解决两个维度的风险，即风险随时间变化的周期性风险和特定时点金融体系的风险分布关联性风险。逆周期政策工具为了降低存在与金融体系中的顺周期性而截面政策工具旨在解决由于相互关联和资产负债表的直接联系存在相似的风险暴露而造成的风险集中。应对周期性风险的政策工具主要有超额留存资本、逆周期资本缓冲、杠杆率限制、流动性标准和预期损失准备等。应对关联性风险的政策工具主要有对系统重要性金融机构的监管和对影子银行体系监管。我国在宏观审慎监管政策的制定和实施过程中，应充分吸取美国金融危机的经验和教训，借鉴先进国际管理经验，结合我国自身的金融经济情况，认识到宏观审慎政策工具可能带来的积极与消极的宏观效应，防范系统性风险，为我国经济繁荣稳定发展提供保障。

（6）金融创新与经济可持续发展具有相辅相成、辩证统一的关系。金融创新对经济发展的影响既有促进的一面，也有阻碍的一面。金融创新通过提高金融机构和金融市场的运作效率，促进了金融制度的进步，增强了金融在社会经济生活中的地位和对经济发展的推动作用。本书研究表明，中国金融发展的规模与数量快于经济的发展，金融资产总量的迅速增长表明，实体经济资产逐步被金融资产所取代，交易和投资活动逐步通过金融资产实现。中国金融发展水平对于宏观经济的敏感程度在一定程度上领先于国内生产总值，而经济发展也会反过来影响金融发展。实证分析结果表明，中国的金融创新水平和经济增长之间存在正相关关系，经济增长也会影响我国的金融创新水平，两者之间相互影响。同时，金融创新和货币供应量间也存在相互影响的关系，金融创新会使广义货币供应量减少；反过来，由于广义货币供给的增加会促进金融机构的创新行为，所以货币供应量也会在较长期影响到金融创新。金融体系在日常经营过程中应通过一系列监管措施减少创新活动带来的负面影响和风险隐患，从有效金融监管入手推动金融经济协调发展。中国金融创新在组织机构、金融市场和金融产品及业务等方面有了快速的发展，但也存在着许多问题，如外部条件的制约、创新领域发展不平和、地区间的不平衡和监管方面存在的缺陷等。

参考文献

巴曙松：《从金融结构演进评估当前的“影子银行”》，《经济》2013 年第 13（Z1）期。
巴曙松、王璟怡、杜婧：《从微观审慎到宏观审慎：危机下的银行监管启示》，《国际金融研究》2010 年第 5 期。
卜亚：《银行业金融产品创新：现状、效应与策略》，《技术经济与管理研究》2010 年第 5 期。
曾志耕：《加强金融监管规范金融创新》，《经济研究》2012 年第 2 期。
陈子季：《金融创新的宏观效应分析》，《金融研究》2000 年第 5 期。
樊志刚、李卢霞：《次贷危机的启示及商业银行金融创新的路径选择》，《金融论坛》2011 年第 4 期。
戈德史密斯：《金融结构与金融发展》，周朔等译，上海人民出版社 1994 年版。
龚攀、王兵：《金融创新对金融稳定的影响机制研究》，《南方金融》2013 年第 2 期。
郭宏宇：《美国对系统重要性金融机构的监管问题与启示》，《银行家》2011 年第 7 期。
何德旭、王卉彤：《金融创新效应的理论评述》，《财经问题研究》2008 年第 12 期。
何海峰：《影子银行的真身与法镜》，《人民日报》2010 年 12 月 17 日第 21 版。
黄有光：《福祉经济学》，张清津译，东北财经大学出版社 2005 年版。
江曙霞、郑亚伍：《金融创新、R&D 与经济增长》，《金融理论与实践》2012 年第 7 期。
蒋岳祥、蒋瑞波：《区域金融创新：效率评价、环境影响与差异分析》，《浙江大学学报（人文社会科学版）》2013 年第 7 期。
李树生、祁敬宇：《从美国次贷危机看金融创新与金融监管之辩证关系》，《经济管理与研究》2008 年第 7 期。
李文泓：《关于宏观审慎监管框架下逆周期政策的探讨》，《金融研究》2009 年第 7 期。
李文泓、罗猛：《巴塞尔委员会逆周期资本框架在我国银行业的实证分析》，《国际金融研究》2010 年第 6 期。
李扬：《影子银行体系发展与金融创新》，《中国金融》2011 年第 6 期。
廉桂萍、李妍：《美国次贷危机中的金融创新产品及其启示》，《内蒙古大学学报》2009 年第 9 期。
刘安霞、陈昭旭、李晓彪：《我国商业银行金融产品创新现状及对策研究》，《科学决策》2010 年第 2 期。
冒鹏莉：《美国“次债”危机对完善我国金融创新产品监管问题的启示》，《中国证券期货》2009 年第 7 期。
孟钊兰、徐朝娟：《从美国金融产品创新过度中吸取教训》，《吉林工商学院学报》2009 年第 1 期。
彭建刚、钟海、李关政：《对巴赛尔新资本协议亲周期效应缓释机制的改进》，《金融研究》2010 年第 9 期。
沈悦、谢坤锋：《影子银行发展与中国的经济增长》，《金融论坛》2013 年第 3 期。
孙浦阳、张蕊：《金融创新是促进还是阻碍了经济增长》，《当代经济科学》2012 年第 5 期。
熊彼特：《经济发展理论》，北京出版社 2008 年版。
王浡力、李建军：《中国影子银行的规模、风险评估与监管对策》，《中央财经大学学报》2013 年第 5 期。
王刚、李虹：《宏观审慎监管的边界及其实现》，《新金融》2010 年第 11 期。
王增武：《影子银行体系对我国货币供应量的影响》，《中国金融》2010 年第 23 期。
魏昌平：《国有商业银行产品创新风险控制研究》，《经济师》2010 年第 12 期。
魏岩：《关于金融产品创新的若干思考》，《现代金融》2009 年第 8 期。
薛智胜：《金融创新风险的防范与监管探析》，《云南大学学报（法学版）》

2012 年第 1 期。
严太华、王磊：《商业银行金融产品创新的机制分析与对策》，《现代管理科学》2008 年第 2 期。
姚良：《次贷危机下我国商业银行金融产品创新风险防范》，《上海经济研究》2009 年第 10 期。
姚瑜琳：《我国商业银行产品创新中的制度约束及对策研究》，《上海金融》2009 年第 4 期。
喻平：《金融创新与经济增长的关联性研究》，博士学位论文，武汉理工大学，2004 年。
张光华：《微观运行、宏观效应和制度约束：广东银行业金融产品创新的实证研究》，《金融研究》2002 年第 2 期。
张显球：《系统重要性金融机构的含义及其风险防范》，《金融时报》2011 年 1 月 31 日。
赵晓钧：《后危机时代中国金融产品创新与金融监管》，《上海金融》2010 年第 7 期。
中国保监会、中国银监会：《关于进一步规范商业银行代理保险业务销售行为的通知》，保监发［2014］3 号。
中国银行业监督管理委员会：《商业银行资本充足率资本管理办法》，银监发［2004］2 号。
中国银行业监督管理委员会：《关于小额贷款公司试点的指导意见》，银监发［2008］23 号。
中国银行业监督管理委员会：《固定资产贷款管理暂行办法》，银监发［2009］2 号。
中国银行业监督管理委员会：《项目融资业务指引》，银监发［2009］71 号。
中国银行业监督管理委员会：《流动资金贷款管理暂行办法》，银监发［2010］1 号。
中国银行业监督管理委员会：《个人贷款管理暂行办法》，银监发［2010］2 号。
中国银行业监督管理委员会：《信托公司净资本管理办法》，银监发［2010］5 号。
中国银行业监督管理委员会：《商业银行信用卡业务监督管理办法》，银监发［2011］2 号。
中国银行业监督管理委员会：《银行业消费者权益保护工作指引的通知》，银监发［2013］38 号。
中国银行业监督管理委员会：《商业银行杠杆率管理办法》，银监发［2011］3 号。
中国银行业监督管理委员会：《商业银行贷款损失准备管理办法》，银监发［2011］4 号。
中国银行业监督管理委员会：《商业银行理财产品销售管理办法》，银监发［2011］5 号。
中国银行业监督管理委员会：《关于进一步加强商业银行理财业务风险管理有关问题的通知》，银监发［2011］91 号。
中国银行业监督管理委员会：《中国银监会关于中国银行业实施新监管标准的指导意见》，银监发［2011］44 号。
中国银行业监督管理委员会：《商业银行资本管理办法（试行）》，银监发［2012］1 号。
中国银行业监督管理委员会：《关于规范商业银行理财业务投资运作有关问题的通知》，银监发［2013］8 号。
中国银行业监督管理委员会：《商业银行全球系统重要性评估指标披露指引》，银监发［2014］1 号。
中国银行业监督管理委员会：《商业银行流动性风险管理办法（试行）》，银监发［2014］2 号。
中国证券业协会：《关于规范证券公司与银行合作开展定向资产管理业务有关事项的通知》，中证协发［2013］124 号。
中国证券业协会：《关于进一步规范证券公司资产管理业务有关事项的补充通知》，中证协发［2014］33 号。
中华人民共和国国务院办公厅：《国务院办公厅关于加强影子银行监管有关问题的通知》，国办发［2013］107 号。
中华人民共和国财政部：《金融企业准备金计提管理办法》，财金［2012］20 号。
周国林：《转轨时期我国金融产品创新的制约因素分析》，《南方金融》2008 年第 12 期。
周贤亚：《对金融产品创新的思考》，《现代金融》2010 年第 3 期。

周小川：《金融政策对金融危机的响应——宏观审慎政策框架的形成背景、内在逻辑和主要内容》，《金融研究》2011 年第 1 期。

周游、高翠翠：《金融创新、科技进步与美国次贷危机》，《经济理论与经济管理》2009 年第 4 期。

Adrian T., Ashcraft A., Shadow Banking: A Review of the Literature, FRB Report, No. 580, 2012.

Adrian T., Brunnermeier M. K., CoVaR, National Bureau of Economic Research, Working Papers No. 17454, 2011.

Bank of England, Instruments of Macroprudential Policy, 2011, http://www.bankofengland.co.uk/publications/Pages/news/2011/160.aspx.

Basel Committee on Banking Supervision, Recent Innovation in International Banking, Bank for International Settlements, Basel, 1986.

Basel Committee on Banking Supervision, The New Basel Capital Accord (Basel II), Bank for International Settlements, Basel, June 2004.

Basel Committee on Banking Supervision, Basel III: A Global Regulatory Framework For More Resilient Banks And Banking Systems, Bank for International Settlements, Basel, December. 2010a.

Basel Committee on Banking Supervision, Basel III: International framework for liquidity risk measurement, standards and monitoring, Bank for International Settlements, Basel, Switzerland 2010b.

Basel Committee on Banking Supervision, An Assessment of the Long-Term Economic Impact of Stronger Capital and Liquidity Requirements, Bank for International Settlements, Basel, August, 2010c.

Basel Committee on Banking Supervision, Countercyclical Capital Buffer Proposal, Bank for International Settlements, Basel, 2010d.

Basel Committee on Banking Supervision, Guidance for National Authorities Operating the Countercyclical Capital Buffer. Bank for International Settlements, Basel, 2010e.

Basel Committee on Banking Supervision, Global Systemically Important Banks: Assessment Methodology and the Additional Loss Absorbency Requirement, Bank for International Settlements, Basel, 2011.

Basel Committee on Banking Supervision, A Framework for Dealing With Domestic Systemically Important Banks, Bank for International Settlements, Basel, 2012.

Basel Committee on Banking Supervision, Global Systemically Important Banks: Updated Assessment Methodology and the Higher Loss Absorbency Requirement, Bank for International Settlements, Basel, 2013.

Baumol W. J. , Oates W. E. , Theory of Environmental Policy. Cambridge: Cambridge University Press, 2nd edition, 1988.

Bookstaber, R. A Demon of Our Own Design. John Wiley & Sons, 2007.

Borio C. , C. Furfine and P. Lowe, Procyclicality of the Financial System and Financial Stability: Issues and Policy Options, In Basel Committee on Banking Supervision, Marrying the Macro-and Micro-prudential Dimensions of Financial Stability, Bank for International Settlements, Basel papers, No. 1, March 2001.

Buchanan J. M. , Stubblebine W. C. , Externality, Economic, No. 29, 1962, pp. 371 - 384.

Claessens S. & Ghosh, S. R. , Macro-Prudential Policies: Lessons for and from Emerging Markets, 2012, www. g24. org/TGM/Macro-Prudential% 20 Policies. pdf.

Committee on the Global Financial System (CGFS), The Role of Margin Requirements and Haircuts in Procyclicality, CGFS Papers No. 36, March 2010.

Corsi F. , Marmi S. , Lillo F. , When Micro Prudence increases Macro Risk: The Destabilizing Effects of Financial Innovation, Leverage, and Diversification, 2013, http: //virgo. unive. It /seminari _ economia /Corsi. pdf.

Danset R. , Innovation and New Technologies: Corporate Finance and Financial Constraints. International Conference on Financial Systems, Corporate Investment in Innovation and Venture Capital, Brussels, November 7 - 8, 2002.

Dodd-Frank Wall Street Reform and Consumer Protection Act: A Failed Vision for Increasing Consumer Protection and Heightening Corporate Responsibility in International Financial Transactions, The; Chaffee, Eric C. , 2009.

Douglas J. Elliott and Robert E. Litan, Identifying and Regulating Systemically Important Financial Institutions: The Risks of Under and Over Identification and

Regulation, BIS Working Papers, January 16, 2011.

Drehmann M., Tarashev N., Measuring the Systemic Importance of Interconnected Banks, BIS Working Papers. No. 342, 2011.

European Central Bank, The Role of Financial Markets and Innovation in Productivity and Growth in Europe, No. 72, 2007.

European Commission, Green Paper on Shadow Banking - Frequently asked questions, 2012.

Federal Reserve Bank of New York (FRBNY), Staff Report: Shadow Banking, 2010.

Fernandez S., J. Pages and J. Saurina, Credit Growth, Problem Loans and Credit Risk Provisioning in Spain, Bank of Spain Working Paper 18, 2000.

Financial Crisis Inquiry Commission, Preliminary Staff Report: Shadow Banking and the Financial Crisis, 2010.

Financial Stability Board, Shadow Banking: Scoping the Issues, 2011.

Financial Stability Board, Consultative Document: Strengthening Oversight and Regulation of Shadow Banking, 2012.

Financial Stability Board, Strengthening Oversight and Regulation of Shadow Banking, 2013a.

Financial Stability Board, Global Shadow Banking Monitoring Report,2013b.

Financial Stability Board, Progress and Next Steps towards Ending "Too Big Too Fail", 2013c.

Financial Stability Board, Assessment Methodologies for Identifying Non-Bank Non-Insurer Global Systemically Important Financial Institutions, 2014.

FSB-IMF-BIS, Guidance to Assess the Systemic Importance of Financial Institutions, Markets and Instruments: Initial Considerations, October, 2009.

FSB-IMF-BIS, Macroprudential Policy Tools and Frameworks, 2011.

Gennaioli, N A Shleifer and R W Vishny, "A model of shadow banking", The Journal of Finance, Vol. 68, No. 4, 2013.

Gianni De Nicolò, Giovanni Favara, Lev Ratnovski, Externalities and Macroprudential Policy, International Monetary Fund Staff, Working Paper. No. SDN/12/05, 2012.

Gordon J. & Mayer C., The Micro, Macro and International Design of Financial

Regulation, Columbia Law and Economics Working Paper No. 422, 2012.

Gorodnichenko Y., Schnitzer M., Financial Constraints and Innovation: Why Poor Countries Don't catch up. NBER Working Paper 15792, March, 2010.

Gregorio J. & Guidotti P.. "Financial Development and Economic Growth". World Development, Vol. 23, No. 3, 1995.

Hanson S., Kashyap A., Stein J., A Macroprudential Approach to Financial Regulation, Chicago Booth Research Paper, No. 58, 2010.

IMF, Financial Deepening and International Monetary Stability, October, 2011.

International Association of Insurance Supervisors, Global Systemically Important Insurers: Initial Assessment Methodology, 2013a.

International Association of Insurance Supervisors, Global Systemically Important Insurers: Policy Measures, 2013b.

Jimenez G., and J. Saurina, Credit Cycles, Credit Risk, and Prudential Regulation", International Journal of Central Banking, Vol. 2, No. 2, 2006.

Kashyap A., R. Rajan and J. Stein, Rethinking Capital Regulation. In Maintaining Stability in a Changing Financial System, Federal Reserve Bank of Kansas City, 2008, pp. 431 – 471.

Laeven L., Levine, R. & Michalopoulos S., Financial Innovation and Endogenous Growth, NBER Working Paper No. 15356, June 2013.

Lerner J. & Tufano P., The Consequences of Financial Innovation: a Counterfactual Research Agenda, Annual Review of Financial Economics, No. 3, 2011.

Liu An-Xia, Chen Zhao-Xu, Li Xiao-Biao, Study on Problems in Financial Product Innovation and Countermeasures of China's Commercial Banking, Scientific Decision Making. No. 2, 2010.

Merton R., Financial Innovation and the Management and Regulation of Financial Institutions. NBER Working Paper No. 5069, 1995.

OECD. Oslo Manual, Guidelines for Collecting and Interpreting Innovation Data. Paris: OECD Publishing, 2005, pp. 47 – 52.

Ordonez G., Sustainable Shadow Banking, NBER Working Paper No. 19022, May 2013.

Perotti E. and Suarez J., Liquidity Insurance Charges as a Macro-prudential

Tool. University of Amsterdam and CEMFI, mimeo, 2009.

Saurina J. Loan Loss Provisions in Spain: A Working Macroprudential Tool, Bank of Spain Financial Stability Review, No. 17, 2009.

Sen N. Innovation chain and CSIR, Current Science, Vol. 85, No. 5, 2003.

Shin H. S. Reflections on Northern Rock: The Bank Run that Heralded the Global Financial Crisis, Journal of Economic Perspectives, No. 23, 2009.

Thomas F. Huertas, Systemically Important Financial Institutions: An International Perspective, June 7, 2010.

Tufano P. Financial Innovation: The Last Two Hundred Years and the Next, Harvard Business School Working Paper, June 2002.

US Treasury Department, Financial Regulatory Reform: A New Foundation. US Treasury, Washington DC, June, 2009.

Van Horne J., Financial Innovation and Excesses, Journal of Finance, Vol. 40, No. 3, 1985.

World Economic Forum, Rethinking Financial Innovation, Route de la Capite CH – 1223 Cologny/ Geneva, Switzerland. 2012, pp. 91 – 93.

索　引

B

C

D

F

G

H

J

K

L

M

N

O

P

Q

R

S

T

W

X

Y

Z

后　记

最近的三十多年来，世界经济和金融发生了巨大的变化，与世界经济同步发展的是不断演进的金融创新以及频繁爆发的金融危机，由此而来的是紧随其后、不断强化的金融监管。自 20 世纪 80 年代开始，人们逐渐对银行业的监管给予了极大的关注，但是由于银行或其相关业务引发的金融危机却在监管中不断发生，以至于国际金融组织、政府组织等均开始关注金融监管问题，不同的组织或委员会开始产生，目的只有一个，就是强化金融监管的国际合作，防范系统性金融危机的发生。比较典型的就是巴塞尔委员会自 20 世纪 70 年代到现在，对银行业的监管形成的比较系统性的监管框架，并由最初的巴塞尔协议Ⅰ，已经演化到今天的巴塞尔协议Ⅲ，随着金融监管的推进，还会演化到明天的巴塞尔协议Ⅳ。

风险在不断发生，危机在不断传染，但是经济仍在不断前行，这就同人在生长过程中会经常生病一样，均属自然法则。即便如此，人们仍在不断地探索着风险的管理办法，寻找着危机的传染途径。2007 年美国爆发的次贷危机使人们深刻体会到金融创新的作用，也使人们深刻认识到金融监管的不可或缺。从国际范围来看，现在金融创新已经被大量应用，但是从国内来看，金融创新还处于发展的前期阶段。大量的金融创新产生了潜在的金融运行和监管漏洞，形成的影子银行体系犹如一个巨大的金融幽灵在金融体系内游荡。在此幽灵的侵袭下，即便是在金融监管严格的大国，那些众多所谓的“大而不倒”的系统重要性金融机构也轰然倒塌。至此，影子银行体系和系统重要性金融机构引起了国际社会的格外关注，引发了官方的、民间的，国际的、国内的广泛研究。本书所涉及的研究内容只不过是其中一个微小的部分，还有许许多多的金融监管方法和相应的政策措施等待着人们去创造、探索和发现。

本书是在本人的中国社会科学院金融研究所博士后研究报告基础上改编而成的，在研究过程中得到金融研究所老师们的帮助，在此表示感谢！

薛昊旸

2014 年 8 月